OHSAMA BUNKO

知れば知るほどおもしろい「日本の神さま」の秘密

関 裕二

JN102900

三笠書房

はじめに――日本の神話の〝ロマン〟と〝ミステリー〟を楽しむ本

贅沢《ぜいたく》なことに、日本には八十万《やそよろず》（八百万《やおよろず》）の神々がいる。キリスト教など、ひとりしかいないのとは対照的だ。

八十万、八百万というのは、実際の数をいっているのではなく、「無数にいる」「いたるところにいる」ということで、日本のような考えを「多神教」といい、キリスト教のような考えを「一神教」といっている。

一神教の神が「唯一絶対の正義」を掲《かか》げるのに対し、日本の神々は、正義を押しつけない。それどころか、神様自身が、時に悪さをする。

悲劇の英雄として知られるヤマトタケルも、単純な正義漢ではない。過酷な試練をくぐり抜け、ヤマトへの帰還を夢見るも、病に倒れたヤマトタケル。けれどもヤマトタケルの前半生が、「手のつけられない極悪非道」だったことは、あまり知られていない。特に西日本では、平気で人をだまし、残虐《ざんぎゃく》な行為をくり返していたのである。

ところが、東日本に向かったヤマトタケルは、突然悲劇のヒーローに化《ば》けていたのだ。われわれが知るヤマトタケルは、この「東国からヤマトに帰れなくなってしまったかわいそうな英雄」という、印象である。

なぜ前半生と後半生で話が逆転しているのか。このパターンは、スサノオの場合にも当てはまる。天上を追放されたスサノオは、地上界に下りて別人（別神？）になり、出雲建設に邁進《まいしん》しているからである。

じつをいうと、神話を理解するには、まずこのような日本人が編《あ》み出した「神」の本質を知っておく必要がある。「神」は、「時によいこともするが、時に悪さもする」という二面性を持っていた。そして、どちらかというと、日本人は、「神は、祟《たた》りや災難をもたらす、恐ろしい者ども」と捉《とら》えていた節がある。

日本人が神社に詣《もう》でて賽銭《さいせん》を投げ、神頼みして現世利益《げんせりやく》を求めるのも、年に一度の祭りで神様を神輿《みこし》に乗せて「よいしょ」するのも、じつは、「恐ろしい神々のご機嫌をとっている」というのが、本当のところなのだ。

では**なぜ、日本の神様は、時にいいことをして、時に悪いこともするのだろう**。だいたい、なぜ神様が、悪いことを平気でするのだろう。悪いことをする神々を、なぜ日本人は敬《うやま》い続けてきたのだろう。

簡単なことなのだ。**日本人にとっての「神」とは、「大自然そのもの」**だと考えると、すっきりとする。

つまり、地震や台風、落雷、干魃《かんばつ》といった自然災害は神の仕業《しわざ》であり、日本人は、大自然そのものを恐れ、敬ってきた。そして、祟り、災いをもたらす神々を丁重《ていちょう》に祀《まつ》ることによって、豊穣《ほうじょう》を獲得しようとも考えた。

これが、神道《しんとう》の根っこなのである。

だから、日本の神々に明確な「善と悪」の区別はない。詳《くわ》しくは本文で述べるが、天皇家の祖神を苦しめたにもかかわらず、歴代天皇が出雲神を丁重に祀ってきた理由のひとつもここにある。「悪さをする恐ろしい神」は、その力が強ければ強いほど、豊穣をもたらす力も優れていたということになる（ただし、出雲神をめぐる謎は、これだけで解けるわけではない。これも詳しくは、本文の中で述べる）。

これに対して一神教は、「神がすべてを創造した」と説き、神から生み出された人間は、大自然を支配することができると考える。

ここに、一神教と多神教の大きな違いがある。

近ごろ日本の神話が見直されてきている理由も、このあたりの事情と関係があるのではないだろうか。多神教は、大自然を敬い、共存の知恵を持つ信仰といえるだろう。一神教的な「正義を掲げ、神の名のもとに他者を支配する」という発想がない。だからこそ、日本人はお人好《よ》しとみなされるのだが、ここに、日本人の日本人たるアイデンティティの秘密が隠されている。

日本は、先進国の中で唯一、多神教を守り続けた国なのだ。それを可能にしたのは、国土が海に囲まれ、他民族の侵略を受けずに済んだからである。だが、「海」が有効な城壁《じょうへき》の意味を持たなくなった今日、いつ日本人が、一神教的な発想に蹂躙《じゅうりん》されるとも限らない。

そこで、学校では教わってこなかった神話の世界、八十万（八百万）の神々のロマンとミステリーを、本書でもう一度見つめ直してみようではないか。

関　裕二

もくじ

第二部

天孫降臨&神武東征の神々
——「神話」と「歴史」をつなぐエピソードの数々

第三部

日本武尊＆「歴史時代」の神々
——なぜ彼らは「神」となり、恐れられたのか？

本文イラストレーション　川原瑞丸

第一部

天地創造&出雲の国譲りの神々

——知れば知るほど面白い！「八百万の神々」の秘密

神話の面白さは「裏側」に隠されている

のっけから矛盾《むじゅん》することをいうようだが、神話は退屈である。「『日本書紀』や『古事記』を読もうというのなら、絶対に神話から入ってはならない」と、他の拙著《せっちょ》でもさんざん述べてきた。

理由は簡単なことだ。

たしかに『古事記』の神話は牧歌《ぼっか》的に描かれているが、『日本書紀』の神話は味気《あじけ》なく、やたら難しい漢字を使った神々が登場して、ただただ眠くなるだけの読みものだからだ。

しかし、これは、むしろ当然のことなのだ。『日本書紀』は、時の権力者が大いにかかわりを持ち、政権の正当性や正統性を証明するために編纂《へんさん》した「政治がらみの本」だからである。当然、神話は、都合のいいように創作されている。また、本来の説話が書きかえられてしまっているだろう。

それに、信じがたいことだが、『日本書紀』の神話は「本文」の他に、「ある本にはこう書いてある」と、異説がずらっと並んでいる。似ているようで似ていないような話が延々と続くから、いい加減に飽きてしまう。

だいたい、八世紀の朝廷《ちょうてい》が政権の正当性や正統性を述べるために記した正史《せいし》の中で、なぜ神話のあらすじを統一できなかったのだろう。これはとても不思議なことなのだ。

「それは、『日本書紀』編纂者の良心的な配慮《はいりょ》だったのではないか」

と考えることも可能だ。八世紀ともなれば、いろいろな神話が語られていただろうからである。

だが、だからこそ、政権の正当性や正統性を証明するために、神話は統一されるべきだったのだ。それをしなかったのは、本当の説話を知っていたのに、ごまかすために、「こんな説もある」と、とぼけてみせただけの話である。

「これから神話を学ぼうとする者の足を引っ張るのか？」

と驚かれても困る。

神話の面白さは、「裏側」に隠されているからだ。それを知るためには、闇雲《やみくも》に神話を読んでいるだけではわからないし、退屈してしまうだけだ、といっているのである。

たとえば『日本書紀』は、西暦七二〇年に編纂されたが、当時の王家の系譜《けいふ》とそっくりな親族関係が神話の中に紛《まぎ》れ込んでいるという指摘がある。

たしかに、日本の神々は神話の中で、自由闊達《かったつ》に活躍している。けれども、「八世紀の朝廷の思惑《おもわく》」を念頭に置かないと、神話の真意を読み間違う、ということなのである。

神話の本当の読み方を理解していただいたところで、いよいよ、神話の世界に潜《もぐ》り込んでみよう。まずは、最初に登場する神の話である。

天御中主尊（天之御中主神）
あまのみなかぬしのみこと（あめのみなかぬしのかみ）

天地の始まりとともに出現した「原初の神」

『古事記』によれば、アメノミナカヌシノカミ（天之御中主神〈アマノミナカヌシノミコト《天御中主尊》〉）は原初の神として登場している。原文（読み下し）を引用しよう。

天地《あめつち》初《はじ》めて発《あらは》れし時に、高天原《たかあまのはら》に成《な》りし神の名は、天之御中主神。次に、高御産巣《たかみむす》日神《ひのかみ》。次に、神産巣《かむむす》日神《ひのかみ》。此《こ》の三柱《みはしら》の神は、並《とも》に独神《ひとりがみ》と成り坐《ま》して、身を隠しき。
（『日本古典文学全集　古事記』小学館）

天地の始めに高天原《たかまのはら》には、まずアメノミナカヌシが現われ、次にタカミムスヒノカミ（高御産巣日神）、さらにカムムスヒノカミ（神産巣日神）が現われた。

この三柱の神は、それぞれが独り神となって、身を隠された、という。そしてこの後、地上の世界が生まれるのである。

まずお断りしておくが、『古事記』に従えば、アメノミナカヌシは、天地《てんち》開闢《かいびゃく》のもっとも大切な神、ということになるが、この神を祀る神社は、それほど多くない。中世以前は、ほとんど祀られていなかった。

なぜ、神話のトップバッターに、みな冷淡だったのだろう。

ここに、神話をめぐる大きな問題が横たわっているように思われる。

注目してみたいのは、『日本書紀』の記事だ。神代《かみよ》上第一段本文には、次のような話が載《の》っている。

その昔、天と地がいまだ分かれず、陰の気も陽の気も分かれない混沌《こんとん》の状態だった。その後、天と地が分かれたとき、神が生まれたという。それがクニノトコタチノミコト（国常立尊）で、次にクニノサツチノミコト（国狭槌尊）、トヨクムノミコト（豊斟淳尊）の三柱が生まれたといい、ここに、アメノミナカヌシは登場しない。

すでに触れたように、『日本書紀』の神話には、本文の他に、「一書第～」という形でいくつもの異伝がある（16ページ）。『古事記』ではいの一番に登場したアメノミナカヌシは、『日本書紀』の中では第一段一書第四に登場するだけである。

つまり、日本（あるいは宇宙）の最初の神は、『古事記』と『日本書紀』で異なっていたのである。

日本の神話はなぜ「統一」されなかったのか？

通説に従えば、『古事記』の編纂は西暦七一二年、『日本書紀』は西暦七二〇年で、だいたい同じ時期に完成していたはずなのである。しかも、『古事記』も『日本書紀』も、編纂を命じたのは天武《てんむ》天皇なのだから、二つの歴史書の中で、なぜ頂点に君《くん》臨《りん》する神が、異なっていたのだろう。

興味深いのは、平安時代に編まれた『先代旧事本紀《せんだいくじほんぎ》』という歴史書だ。

『先代旧事本紀』の序文には、この文書が聖徳太子らの手によって編まれたと記されている。これは明らかな「ウソ」なのだが、すぐにばれる嘘をついた背景には、大きな意味が隠されている。

というのも、『先代旧事本紀』は古代最大の豪族・物部《もののべ》氏が編纂に大きく携《たずさ》わっていた文書で、平安時代に物部氏は「過去の人」になっていた。だから彼らは、『先代旧事本紀』を記すことで、物部氏の偉大な功績をのちの世に残そうとしたのである。

問題は、『先代旧事本紀』の中で、一番最初の神が、アマノミナカヌシでもクニノトコタチでもなかったことにある。その名は、アメユズルヒアマノサギリクニユズルヒクニノサギリノミコト（天譲日天狭霧国禅日国狭霧尊）という聞き慣《な》れない神だ。しかも、この神の次に生まれるのがアマノミナカヌシで、その次の代にクニノトコタチが登場する。

ここに、大きな問題が隠されている。

つまり原初の神は、三つの歴史書の中で、アメユズルヒアマノサギリクニユズルヒクニノサギリ（『先代旧事本紀』の始祖《しそ》神）→アメノミナカヌシ（『古事記』の始祖神）→クニノトコタチ（『日本書紀』の始祖神）の順番に並んでいるのである。

『古事記』の場合もよく似ている。原初の神はアメノミナカヌシで、クニノトコタチ

（国之常立神＝国常立神）は、その後に登場する。つまり、ここでも原初の神は、『古事記』→『日本書紀』の順番になっていたことになる。

なぜこのようなことにこだわったかというと、『先代旧事本紀』は、原初の神・アメユズルヒアマノサギリクニユズルヒクニノサギリを『古事記』のアメノミナカヌシや『日本書紀』のクニノトコタチよりも上位に置いたことによって、『先代旧事本紀』の「古さ」を偽装《ぎそう》したと考えられること、同様に『古事記』も、**原初の神をつけ加えることによって『日本書紀』よりも早く書かれたように見せかけた**可能性が出てくる。

これが、いわゆる『古事記』偽書説で、『日本書紀』神話の異伝「一書〜」の神話を全部つなげると、『古事記』の神話になるという指摘がある。

なぜ『古事記』や『先代旧事本紀』がこのような細工《さいく》を施《ほどこ》したかというと、『日本書紀』の神話を覆《くつがえ》そうとする意図があったからだろう。「『日本書紀』よりも古くて正統な文書」であることを、始祖神を加上《かじょう》することによって、訴《うった》えたかったということになる。何やら、神話の世界は、化かし合いのように思えてくる。

伊弉諾尊・伊弉冉尊（伊邪那岐命・伊邪那美命）

いざなぎのみこと・いざなみのみこと

日本の国土と、多くの神々を生んだ夫婦神

『日本書紀』に従えば、第一代のクニノトコタチノミコト（国常立尊）から第六代までの神々が誕生した後、第七代目にイザナギノミコト（伊弉諾尊）とイザナミノミコト（伊弉冉尊）の男女の神が誕生したという。この間の説話には、ストーリー性が見出せない。

もちろん、この間の神話は無味乾燥としていて、あくびがとまらなくなる。神話らしい話が始まるのは、イザナギとイザナミが登場してからだ。

そこで、『日本書紀』のイザナギとイザナミの神話を追ってみよう。**よく知られる**

神話は、この二柱の神の登場から始まる。日本の神々の根っこには、イザナギとイザナミがいる。

二柱の神は天浮橋《あまのうきはし》に立ち、下界を見下ろし、国はないだろうかと探った。天之《あまの》瓊《ぬ》矛《ほこ》をおろしてみると、青海原《あおうなばら》があった。天之瓊矛からしたたり落ちる潮が固まり、島となった。これが磤馭慮島《おのごろしま》（想像上の島と考えられている）で、二柱の神は、この島に降り立った。磤馭慮島を国中《くになか》の御柱《みはしら》にして陽神《おかみ》のイザナギは左から、陰神《めかみ》のイザナミは右からまわり、御柱の向こう側で出会った。

そのとき、陰神が、

「ああうれしいことよ。若いよい男（イケメンということである）に会って」

と唱《とな》えると、陽神は意外にも憤慨《ふんがい》している。

「先に陽神が声をかけるのが道理だ」

と、理不尽なことをいう。

明らかな男尊女卑《だんそんじょひ》ではないか。そこで御柱をめぐり直した二柱の神は、反対側でもう一度出会った。

すると陽神が、

「ああうれしいことよ。よい少女にめぐり会った」

と、声をかけたのだった。

こうして、二柱の神は、「陽と陰」を合わせて（男と女の関係になったわけである）、日本の国土を産み落としていく。

お産のための胞《えな》（胞衣《えな》。ようするに胎児《たいじ》を包む膜と胎盤《たいばん》）となったのが淡路洲《あわじのしま》（淡路島）で、ここから次々と島々が生まれ落ちる。大日本豊秋津洲《おおやまととよあきづしま》（本州）、伊予二名洲《いよふたなのしま》（四国）、筑紫洲《つくしのしま》（九州）、隠岐洲《おきのしま》（隠岐島）と佐度洲《さどのしま》（佐渡島）の双子を生んだという。

さらに、越洲《こしのしま》（北陸）と大洲《おおしま》（山口県の屋代島《やしろ》）、吉備子洲《きびのこしま》（岡山県南東部の児島《こじま》半島。昔は海に浮かぶ島だった）を生んだ。こうして、はじめて大八洲国《おおやしまのくに》の名が起こった。日本列島の姿が整ったわけである。

また、海や川、山、樹木を生んだ。そうしておいて、最後に、「天下《あめのした》の主《きみたるもの》者を生もうではないか」ということになった。

まず、ヒノカミ（日神〈太陽神〉）のオオヒルメノムチ（大日孁貴〈アマテラスオオミカミ《天照大神》〉。女神）を生んだ。この子は光り輝き天地の四方隅々まで照ら

イザナギとイザナミの「夫婦愛」と「仲違い」

した。

　二柱の神は喜び、「いままで多くの子を産み落としてきたが、これほど神秘的で霊妙《れいみょう》な子はいなかった。久しくこの国に留めておくことはできない。まさに早く天（高天原《たかまのはら》）に送って、天界の政事《まつりごと》を委《ゆだ》ねるべきだ」といい、天柱《あめのみはしら》を伝って、天上に上げた。

　次に生まれたのはツキノカミ（月神〈ツクヨミノミコト《月読尊》〉）で、その耀《かがや》きはヒノカミに次ぐものだった。そこで、ヒノカミに並んで治めるのがよいと考え、天上に送ったのだった。

　次に生まれたのはヒルコ（蛭児）だった。三歳になっても歩けないので、天磐櫲船《あまのいわくすぶね》に乗せて、風のままに棄ててしまった。

ちなみに、鹿児島県霧島《きりしま》市の鹿児島神宮の裏手には、ヒルコが祀られている。棄てられ、この地に流れ着いたヒルコは、嘆き悲しんだらしい。それでこの境内《けいだい》を、奈毛《なげ》木《き》の杜《もり》と名づけたという。じつに不憫《ふびん》な話ではないか。

これに似た話は大阪にも残されていて、住吉《すみよし》大社の申し子の一寸法師は、いつまでたっても大きくならないので、爺《じい》さん婆《ばあ》さんは、「こいつは化け物か何か、そういう類《たぐい》の輩《やから》に違いない」と一寸法師が邪魔になった。

これを知った一寸法師は、「棄てられるぐらいなら出て行ってやる」と考え、京に向かったというのが、本当の話。「一寸法師」には、神話の世界に共通のモチーフが隠されていたのだ。中世のおとぎ話も、その根っこを辿《たど》っていくと、神話の世界に行き着いてしまうのである。

仲睦まじかったイザナギ・イザナミを待ち受けていた運命

それはともかく、話を戻そう。

ヒルコの次に生まれたのはスサノオノミコト（素戔嗚尊）で、勇《いさ》ましく残忍な性格だった。また、常に泣いてばかりいた。そのため、国中の人々を早死にさせ、青山を枯《か》らしてしまった。あきれ果てたイザナギとイザナミは、スサノオを根《ね》の国《くに》（地下の死者や祖霊《それい》の国）に追放したのだった。さて、このように見てくると、イザナギ・イザナミの二柱は、仲睦《むつ》まじく幸せな生活を送っていたように見えるが、運命とはわからぬもの。ここから先、意外な顚末《てんまつ》が待ち受けていた。この後日譚《ごじつたん》は、本文ではなく、一書第六に詳しく載っている。

火神《ひのかみ》・カグツチ（軻遇突智）が生まれたとき、イザナミは焼かれて亡くなってしまった。イザナギは恨み、カグツチを十《と》握剣《つかのつるぎ》で三つに切り刻《きざ》んだ。その体からまた神が生まれ、剣の刃からしたたり落ちた血から、フツヌシノカミ（経津主神）や、タケミカヅチノカミ（武甕雷神）の祖神が生まれた。

イザナギは、イザナミを追って黄泉国《よみのくに》（死者の国）に入り、ともに語った。

イザナミはイザナギに、くるのが遅かったことをなじり、恨《うら》み言をいい、「私はすでに黄泉国の食べ物を食べてしまいました。これから寝るので、姿を見ないでほしい」と願った。

だが、誰しも「見るな」といわれれば、つい見たくなってしまうもの。当然、イザナギは、明かりを灯《とも》してしまった。

するとイザナミの体には、ウミがにじみ蛆《うじ》がたかっていた。穢《けが》らわしく思い、イザナギが一目散に逃げると、イザナミは怒り、「どうして約束を破《やぶ》り、恥《はじ》をかかせたのですか」といい、黄泉醜女《しこめ》八人を遣《つか》わしてきたのだった。夫婦喧嘩《げんか》も、ここまで来ると、修羅場《しゅらば》である。

イザナギはあの手この手を使って逃げたが、イザナミは泉津平坂《よもつひらさか》（黄泉国の入口）まで追ってきた。イザナギは、巨大な岩でふさぎ、イザナミに向かって、離縁の誓《ちか》いをいい渡した。するとイザナミは、次のように述べる。

「いとしいわが夫よ。そうおっしゃるなら、私はあなたの治める国の民を日ごとに千人殺しましょう」

イザナギも、「いとしいわが妻よ。それならば私は、日ごとに千五百人生もう」と述べたのだった。イザナギは、穢れた体を洗い流そうと、筑紫《つくし》の日向《ひむか》の小戸《おど》の橘《たちばな》の檍原《あはきはら》（宮崎県）に赴《おもむ》き、禊祓《みそぎばらい》をしたのだった。

ここで、多くの神々が生まれる。住吉大神《すみよしのおおかみ》（ソコツツノオノミコト〈底筒男命〉・

ナカツツノオノミコト〈中筒男命〉・ウワツツノオノミコト〈表筒男命〉）やソコツワタツミノミコト（底津少童命）・ナカツワタツミノミコト（中津少童命）・ウワツワタツミノミコト（表津少童命）ら阿曇連《あずみのむらじ》の祖神は、こうして生まれたという。これらの神々は、どちらも日本を代表するワタツミ（海神）として知られている。

もちろん、イザナギとイザナミの神話は、歴史として捉えることはできない。**ただし、この二柱の産み落とした神々が、神話と歴史の謎を解く鍵を握《にぎ》っているのである。**

天照大神

あまてらすおおみかみ

八百万の神々の頂点に立つ女神

イザナギノミコト（伊弉諾尊）とイザナミノミコト（伊弉冉尊）の説話が、「神話らしい物語」である一方、アマテラスオオミカミ（天照大神）の場合、やや趣《おもむき》が異なる。

もちろん、アマテラスにも、「浮世離《うきよばな》れした物語」がないわけではない。けれども、この女神は、じつに政治的な存在なのだ。**何しろアマテラスは、産み落とされたときからすでに「よい子」とおだてられ、依怙贔屓《えこひいき》されている。**

「よい子」がいるのだから、当然、「悪い子」も登場する。そうでなければよい子が引き立たないではないか。そして、貧乏《びんぼう》くじを引いた「悪い子」が、出雲建国に活躍するスサノオノミコト（素戔嗚尊）なのだ。つまり、『日本書紀』は、アマテラスやその末裔《まつえい》の天皇家が「よい子」、よい子に抵抗した者どもが「悪い子」と、神話の段階で明確に峻別《しゅんべつ》していたのである。

天上（高天原《たかまのはら》）におけるアマテラスとスサノオの確執《かくしつ》は、次のとおり。

イザナギとイザナミのお気に入りの子だったアマテラスは、天上の支配者として君臨していた。一方でスサノオは、根《ね》の国《くに》に追放されたが、赴く前に天上に参上し、姉のアマテラスにお会いしたい、と願った。イザナギがこれを許すと、スサノオはアマテラスのもとに向かった。ところが、このとき大海原は大きく揺れ、山々は鳴動《めいどう》したという。これは、スサノオの荒々しい性格ゆえである。

アマテラスは弟の本性を知り、「国を奪おうという魂胆《こんたん》ではないか」と疑ったのだった。そして男装をして武器を持ち、スサノオと対峙《たいじ》した。するとスサノオは、「私にやましい心はありません。父母のいいつけどおり、根の国に行こうと思います。ただ、一度姉にお目にかかりたかったのです」と釈明《しゃくめい》した。

これに対しアマテラスは、「ならば、身の潔白《けっぱく》を証明してみなさい」という。そこでスサノオは、「誓約《うけい》」を提案した。ここにいう誓約とは、正しいか正しくないか、神意を占うことだ。御子を生んで、スサノオの生む子が女子ならば邪心《じゃしん》があり、男子が生まれたら邪心がないことの証《あかし》だ、というのである。

そこでアマテラスは、スサノオの十握《とつかのつるぎ》剣を求め、三つに折り天真名井《あまのまない》（天上の神聖な泉）に濯《すす》いで嚙《か》み砕《くだ》き、吹き棄てた激しい息の狭霧《さぎり》の中から女神が生まれた。それが、タゴリヒメ（田心姫）・タギツヒメ（湍津姫）・シキシマヒメ（市杵島姫）（以上、宗像三神《むなかたさんしん》）だった。

すると今度はスサノオが、アマテラスの髻《みずら》・鬘《かづら》（髪飾り）と腕に巻いた八坂瓊《やさかに》の五百箇御統《いおつみすまる》（大きな玉を連《つら》ねたネックレス）を求め、天真名井に濯ぎ、嚙み砕いて吹き棄てる息の狭霧から生まれた神は、マサカアカツカツカチハヤヒアマノオシホミミノミコト（正哉吾勝勝速日天忍穂耳尊。天皇家の祖）、アメノホヒノミコト（天穂日命。出雲国造家《こくそうけ》の祖）ら、五柱の男神であった。

こうして、スサノオの身の潔白は証明された（ということらしい）。アマテラスとスサノオは、自分の所持品《しょじひん》から生まれたそれぞれの子供を引き取ったのである。

ところが、ここからスサノオは増長《ぞうちょう》し、天上で暴れ出す。

アマテラスは本当に女神だったのか？

春、アマテラスの御田《みた》（神領《じんりょう》の田んぼ）に重播種子《しきまき》（一度種をまいた田に、ふたたび種をまくこと）をし、畦《あぜ》を壊してしまった。秋になると、天斑駒《あめのふちこま》（斑毛《まだらげ》の馬）を田に放ち、田の中に伏《ふ》せさせ農作業を妨害《ぼうがい》する始末《しまつ》。また、アマテラスの神聖な新嘗《にいなめ》の御殿に大便をして、汚したのである。

　きわめつけは、アマテラスが神衣《かむみそ》を織る斎服殿《いみはたどの》（神聖な機織《はたおり》の場所）にいるとき、天斑駒の毛皮を逆《さか》さに剝《は》いだものを投げ入れたことだった（呪術《じゅじゅつ》）。驚き怒ったアマテラスは、天石窟《あまのいわや》に隠れてしまい、世界は真っ暗になってしまったという。

　この後、八十神《やそかみ》たちの活躍によってアマテラスは石窟から導き出され、スサノオは地上界に追放されるのだが、詳しくはのちほど（105ページ）。

この一連の話の中で、はっきりとしていることは、**アマテラスが天上の支配者であり、スサノオが、邪なる者として、アマテラスと敵対していた**、という事実である。

もちろん、アマテラスこそ天皇家の祖神なのだから、この設定は当然のことだ。けれども、アマテラスには、多くの謎が隠されているのである。

伊勢神宮の祭祀でいまなお女性が重要な役割を担うワケ

たとえば、『日本書紀』の中で、アマテラスは当初、オオヒルメノムチ（大日孁貴）の名で登場する。孁の字は「巫女《みこ》」の意味だから「大日巫女《おおひみこ》」となり、太陽神を祀る巫女だったことになる。この矛盾を、どう考えればよいのだろう。

通説は、太陽神を祀る者が祀られる側に昇華《しょうか》したと考えるが、どうにも納得できない。太陽神は「陽」で、男性が基本だからである。

神社の巫女が処女性を求められたのも、巫女が神の妻になるという発想があったからで、アマテラスが祀られる伊勢神宮でも、女性が祭祀《さいし》に大きなウェイトを占めている。それが、斎王《さいおう》と大物忌《おおものいみ》である。

斎王は天皇の親族の未婚女性から選ばれ、天皇の御杖代《みつえしろ》として伊勢の地に派遣され、アマテラスに奉《たてまつ》った。大物忌は、伊勢神宮の秘中の秘とされる心《しん》の御柱《みはしら》（本殿の床の下に隠されて祀られている）を祀る巫女（童女《どうじょ》）である。

なぜ伊勢では神を祀る重要な役割を、女性が担《にな》うのだろう。それは、伊勢の神が、男性だったからだろう。

斎王は、生身の男性との「交渉」を禁じられていた。斎宮《さいぐう》の任を解かれた後も、結婚は困難だったという。だから逆に、斎王のスキャンダルが興味本位で書き残されてもいる。斎王が純潔《じゅんけつ》を求められたのは、「神の妻」だからだろう。

伊勢外宮《げくう》で祀られるトヨウケノオオカミ（豊受大神）の存在も不可解だ。もともとトヨウケは、伊勢で祀られていたわけではない。『倭姫命世記《やまとひめのみことせいき》』などによれば、伊勢内宮《ないくう》のアマテラスが、「独り身で寂《さび》しい」と述べたため、丹後《たんご》で祀られるトヨウケをわざわざ伊勢に勧請《かんじょう》したのだという。

「独り身で寂しい」と欲求不満を吐露《とろ》し、女神のトヨウケが連れて来られたというのならば、**伊勢で祀られるアマテラスは、男神でなければおかしい。**『日本書紀』は、アマテラスを女神というが、「アマテラスは男神」という暗黙の了解があったのではあるまいか。

奈良県桜井市の大神神社《おおみわ》の周辺には、奇妙な伝承が残されている。それは、祭神・オオモノヌシノカミ（大物主神）が、伊勢の神（アマテラス）と同一だ、というのである。もちろん、オオモノヌシは出雲系の男神であり、『日本書紀』を信じるならば、両者が同一のはずはない。

ところが、謡曲《ようきょく》「三輪《みわ》」は「女姿や三輪の神（オオモノヌシが女装している）」といい、「伊勢と三輪の神、一体分身の御事《おんこと》、今更何と磐座《いわくら》や」と述べている。「伊勢と三輪が一体分身って……。あなた、今さら何を力《りき》んでいっているの」ということだ。

これはいったい何だろう。アマテラスには、大きな秘密が隠されているのではあるまいか。

豊受大神

とようけのおおかみ

本当は恐ろしかった「豊穣の女神」

トヨウケノオオカミ（豊受大神）は伊勢外宮《げくう》に祀られる神で、内宮《ないくう》のアマテラスオオミカミ（天照大神）に食事を提供する豊穣の女神である。

ただしこの女神、アマテラス同様、謎に満ちている。第一、『日本書紀』が無視しているのは解せない。

トヨウケは、伊勢外宮の祭神というよりも、むしろ天《あま》の羽衣《はごろも》伝承の主人公として名を馳《は》せている。『丹後国風土記』逸文《いつぶん》には、次のような説話が残されている。

丹後の国丹波《たんば》（現在の京都府中郡）の比治《ひじ》の里を見下ろす比治山の山頂に、井戸があった。あるときここに八人の天女《てんにょ》が舞い下り、沐浴《もくよく》（水浴び）をしていた。たまたま老夫婦がその光景に出くわし、ひとりの天女の羽衣を奪ってしまった。天女たちは天に帰っていったが、ひとりだけ水から出られず残った。老父は、子供がいないから、留まってほしいと懇願《こんがん》し、やむなく天女は、この土地に残ったのだった。

十年あまりの年月、天女は万病《まんびょう》に効《き》く薬を作り老夫婦の家は豊かになった。ところが老夫婦は増長し、天女を家から追い出してしまう。嘆き悲しむ天女は、しばらくさまよったのち、竹野《たかの》の郡《こおり》の船木《ふなき》の里の奈具《なぐ》の村（京都府京丹後市）に辿り着き、「ここに来て、ようやくわが心は穏やかになりました」といい、この村に住むことにしたという。この天女がトヨウカノメノミコト（豊宇賀能売命＝トヨウケ）だったというのである。

ちなみに、この話を軽く読み流してはいけない。「ようやく穏やかになった」と女神は吐露しているからだ。つまり、その直前まで、この女神が「心底腹が立ってい た」のであり、怒る神は「祟る神」なのだ。この説話の真意も、そこにある。**トヨウケは、本当は恐ろしい神だったのである。**

「天の羽衣」を身につけた瞬間に……

それはともかく、丹後半島には濃厚なトヨウケ伝承が残されるが、特に籠神社《このじんじゃ》（京都府宮津市）には、興味深い伝承が残されている。それによれば、はじめトヨウケは、籠《かご》に乗って輝いていたという。

なぜこの伝承に注目するかというと、理由はいくつもある。

まず第一に、竹で編んだ「籠」は、神聖な容器と考えられていた。神に供物《くもつ》を捧げるための容器であり、また、籠を太陽神に見立てる地域もある。籠に乗って輝いていたトヨウケは、どこか太陽神を連想させる。

さらに、天の羽衣を身につけた女神は、「白鳥のイメージ」であり、だからこそ、「籠」に乗って現われたと推理することができる。すでに弥生時代から、日本列島では「鳥の巫女」が祭祀に活躍していたことがわかっている。土器などに、鳥装の巫女の姿が描かれていたからである。

鳥巫女や天の羽衣、籠（竹）は、日本人の信仰に深く根ざしている。実際、天の羽衣はあらゆる場面に登場する。天皇も、大嘗祭《だいじょうさい》で天の羽衣を身につけ、また籠に乗る。ヤマトタケルノミコト（日本武尊）も、死して白鳥になったというが、これも「神聖な鳥」のイメージであり、天の羽衣と結びつく。

『竹取物語』の中で、かぐや姫は竹藪《たけやぶ》の中で輝いていたが、あまりにも小さいので、籠の中で育てられたという。月の都の使者がかぐや姫を迎えに来て、かぐや姫は天の羽衣をまとって帰って行った。かぐや姫はこのとき、「天の羽衣を着ると、人ではなくなる」といっている。天の羽衣を着て人ではなくなったのは、かぐや姫だけではない。ヤマトタケルも白鳥になって人ではなくなり、天皇も大嘗祭のクライマックスで天の羽衣を身につけて、この瞬間から人間ではなくなる。

このように、天の羽衣は神道祭祀や民間信仰における重要なアイテムなのだが、**「天の羽衣といえばトヨウケ」なのだから、この女神の抱える秘密の大きさが知れようというものである。**しかも、この神は、伊勢神宮に祀られる「祟り神」ではないか。

そこで改めて疑念を抱かざるを得ないのは、『日本書紀』の態度である。なぜトヨウケを、無視したのだろう。

もうひとつ謎めくのは、籠神社の周辺には、トヨウケだけではなく、濃厚な浦島太郎伝説が残されていることなのである。

浦島太郎伝説など、しょせん中世か近世のおとぎ話だろうと、鼻で笑われそうだ。だが、この話は、意外に古いものなのだ。『日本書紀』『風土記』『万葉集』は、こぞって浦島太郎（浦島子《うらしまのこ》）の話を掲げている。

浦島太郎については、のちにふたたび触れる（177ページ）が、ここで強調しておきたいのは、浦島太郎伝説は「豊」と奇妙な縁でつながっている、ということである。浦島太郎伝説と、うり二つの海幸山幸《うみさちやまさち》神話の中で、山幸彦《やまさちひこ》が結ばれる女神はトヨタマヒメ（豊玉姫）で、「豊」の名を冠《かん》している。浦島太郎伝説がトヨウケ＝豊の女神の地で語り継《つ》がれたのも、偶然ではない。

じつは、「トヨ（豊）の女神」には、ひとつの特徴がある。それは、「海の女神」でもあったことなのだ。ここがこの後、ポイントになってくる。

素戔嗚尊《すさのおのみこと》（須佐之男命）

「ヤマタノオロチ退治」のかっこよさから――

神話の中で、アマテラスオオミカミ（天照大神）と並んでスサノオノミコト（素戔嗚尊）は、大きなウェイトを占めている。スサノオは天上を追放され、葦原中国《あしはらのなかつくに》に降り立ち、出雲を建設したからである。

スサノオの不思議は、アマテラスの政敵で、**天上では手のつけられない暴れ者だったのに、なぜか地上界に降りてから、人格（神格？）が豹変《ひょうへん》している**ことなのだ。スサノオは、ちょっとした英雄になっている。

話は、八岐大蛇《やまたのおろち》退治から始まる。『日本書紀』の神話の第八段の本文を抜粋《ばっすい》してみよう。

出雲国簸《ひ》の川の川上に舞い下りたスサノオは、人の泣き声を聞いた。老公《おきな》と老婆《おうな》が少女を座らせ、なでながら泣いているではないか。事情を聞くと、老公は次のように答えた。

「私は国神《くにつかみ》（天上の天神《あまつかみ》に対し葦原中国の神）で、名をアシナヅチ（脚摩乳）と申します。妻はテナヅチ（手摩乳）です。この童女は私の子で、クシイナダヒメ（奇稲田姫）と申します。私には八人の娘がおりましたが、毎年八岐大蛇のために呑まれてしまいました。今、この最後の娘まで呑まれようとしております。逃れる手立てがなく、こうして泣きはらしていたところです」

スサノオは、「それならば、この娘を私に献上《けんじよう》しないか」と告げた。老夫婦が従うと、さっそくクシイナダヒメを湯津爪櫛《ゆつつまぐし》（神聖な櫛）に化けさせ、髻《みずら》にさした。さらに、八つの酒桶《さかおけ》に神酒《みき》を用意させ、待ち構えた。

はたして、八岐大蛇がやってきた。頭と尾っぽがそれぞれ八つある。目は赤酸醤《あかかがち》（赤いホオズキの実）のようで、松や柏《かしわ》が背中に生えている。八岐大蛇は酒を飲もうと、それぞれの頭を酒桶に突っ込み飲み終えると、酔《よ》って眠ってしまった。すかさずスサノオは、十《と》握《つかの》剣《つるぎ》を抜き、八岐大蛇を斬《き》った。尾を斬るとき剣の刃が少し欠けたので、尾を割《さ》いてみると、中から剣が出てきた。これが、いわゆる草薙剣《くさなぎのつるぎ》である。

スサノオは、「神神《こうごう》しい霊剣《れいけん》だ。私が持っているわけにはいかない」といい、天神に献上したのだった。

こうしてクシイナダヒメを娶《めと》ったスサノオは、出雲の清地《すが》（須賀《すが》）にいたり、「吾《わ》が心《こころ》清清《すがすが》し」と述べ、ここに宮を建てると、二人の間にはオオナムチノカミ（大己貴神〈オオクニヌシノカミ《大国主神》、オオモノヌシノカミ《大物主神》〉）が生まれた。

こうしてスサノオは、根《ね》の国《くに》に去ったという。

これが、『日本書紀』に描かれたスサノオの神話である。

なぜスサノオは、八岐大蛇退治でかっこよく活躍したのだろう。前半生が大悪人で、後半生が英雄というパターンは、ヤマトタケルノミコト（日本武尊）にも当てはまる（192ページ）。

スサノオの謎は、それだけではない。朝鮮半島から渡来《とらい》したのではないかという疑いがある。というのも、『日本書紀』の異伝には、最初、スサノオは、天上から出雲に舞い下りたのではなく、朝鮮半島に向かったと記されているためである。

出雲はヤマトに滅ぼされたのではなかった!?

神話の第八段一書第四には、おおよそ次のように記されている。

スサノオは天上を追放されると、息子のイタケルノカミ（五十猛神）を連れて新羅《しらぎ》国（朝鮮半島東南部の国）に降り、曾尸茂梨《そしもり》（慶州《けいしゅう》）に居を構えた。ところが、「私はこの場所には居たくない」といいだし、埴土《はに》（赤土）で舟を造り東に向かった。こうしてスサノオは、出雲国の簸の川上に辿り着いたというのである。

この一節から、出雲は新羅の人々に征服されたのが真相ではないか、とする考えが提出されたのである。

出雲と新羅の関係は、他にも見られる。たとえば『出雲国風土記』意宇《おう》郡の段にも、新羅が出てくる。国引き神話で名高い一節である。

この土地を「意宇」と名づけた所以《ゆえん》は次のようなものだったという。

その昔、ヤツカミズオミツノノミコト（八束水臣津野命）は、「出雲の国は狭《せま》く、できて間もない国なので、よその余った土地を持ってきて、縫《ぬ》い合わせよう」と述べ、「志羅紀《しらぎ》の三碕《みさき》（新羅の岬）」の土地が余っているからと、綱《つな》を掛《か》けそろりそろりと「土地よ来い」と引き寄せた。それが今の日御碕《ひのみさき》だという。さらに、越《こし》（北陸地方）の土地などを招き寄せ、最後に杖《つえ》を突き立て、「オウ」と述べたことから、この地を「意宇」というようになったという。

奈良県奈良市漢国《かんごく》町には漢国《かんこう》神社があって、出雲神を「韓神《からかみ》」と称して祀っている。これらの例から、「出雲神は新羅出身」とする考えが、有力視されるようになったわけである。

たしかに、出雲と新羅は、日本海のあちらとこちらに位置し、交流は深かった。多くの人々が、新羅から出雲にやってきたのもたしかだろう。けれども、出雲神そのものが、すべて新羅出身かというと、速断はできない。

八世紀に編纂された『日本書紀』の中で、新羅は「憎《にく》い宿敵」として描かれている。その理由は、『日本書紀』編纂時の政権が、新羅に滅《ほろ》ぼされた百済《くだら》（朝鮮半島の西南部の国）と近しい間柄だったからである。したがって、もし出雲が「新羅人の国」だったのならば、『日本書紀』は悪役に描いた出雲を、もっと簡潔に、そして明瞭《めいりよう》に

大悪人スサノオがなぜ「英雄」に？

「ヤツらは新羅人」と罵倒《ばとう》していなくてはおかしい。

奈良市漢国町の漢国神社の出雲神が、「韓神（具体的にはオオナムチと、スクナビコナノミコト〈少彦名命〉）」と呼ばれていることから、出雲神＝朝鮮半島という考えも提出されている。だが、韓神と並んで「園神《そのかみ》（オオモノヌシ）」が祀られることを、見逃してはならない。「韓神」は朝鮮半島とかかわりがあるとしても、「韓神」に対する「園神」は、「土着《どちゃく》の神」を意味していようから、出雲では、いくつもの勢力が融合《ゆうごう》していたと考えることが可能だ。つまり、**出雲は日本海を介して、新羅と結びついていたのだろう。**ただし、新羅そのものだったわけではないのである。

もうひとつ気になることがある。それは、弥生時代に、日本列島から朝鮮半島南部に、多くの人々が渡海《とかい》していたことだ。それは、中国や朝鮮半島側の史料に残されていることで、客観的な事実と思われる。

彼らはいったい何をしていたのかというと、鉄の利権に群《むら》がっていたのである。朝鮮半島南部は、鉄の産地だったからだ。すると、御先祖様たちが鉄を求めて朝鮮半島南部に向かっていたという民族の遠い記憶が、「新羅に舞い下りたスサノオ」という神話のもとになったのではなかろうか。

この話、のちにふたたび触れようと思う（200ページ）。

大己貴神
おおなむちのかみ

『古事記』『日本書紀』にもっとも多く登場する神

『古事記』の神話に親《した》しんでいる方は、オオナムチノカミ（大己貴神）といってもピンと来ないかもしれない。この神は、『古事記』に登場するオオクニヌシノカミ（大国主神）のことなのだ。

『日本書紀』では、おもにオオナムチの名で登場している。オオナムチはのちに大黒《だいこく》様と習合《しゅうごう》していくのだが、それはなぜかというと、「大国主神」の「大国」が「大黒」に似ているからだ。以後、混乱を避けるために、この項では「オオクニヌシ」の名に統一しておく。

これはあまり知られていないが、大黒様のかぶっている頭巾《ずきん》を裏側からのぞくと、とんでもない形をしている。純真《じゅんしん》な乙女《おとめ》なら、必ず赤面するのである。だから、大黒様の頭をさすると、御利益があるのだ。大黒様が、豊穣（子だくさんは豊穣につながる）をもたらす神である理由は、裏側に隠されていたわけである。

それはともかく、『日本書紀』の中には、オオクニヌシの別名が、腐《くさ》るほど出てくる。オオナムチ、オオモノヌシノカミ（大物主神）、クニツクリノオオアナムチノカミ（国作大己貴神）、アシハラノシコオ（葦原醜男）、ヤチホコノカミ（八千矛神）、オオクニタマノカミ（大国玉神）、ウツシクニタマノカミ（顕国玉神）がみな、同一の神を指している。

いったいなぜ、これほどまで名を掲げなければならなかったのだろう。『日本書紀』の中で、もうひとり、星の数ほどの名を与えられた人物が存在する。

それが、六世紀後半から七世紀前半に実在した聖徳太子なのである。

オオクニヌシと聖徳太子といっても、まったく接点がないように見えるが、そうではない。『日本書紀』は、出雲神を「邪《あ》しき鬼《もの》」と蔑《さげす》むように、オオクニヌシは出雲を代表する神であり、鬼の中の鬼ということになる。事実、オオクニヌシの別名（オオクニヌシが荒々しい荒魂《あらみたま》なのに対し、オオモノヌシは穏やかな和魂《にぎみたま》という）オオモノヌシの「物」は、「鬼」を意味している。これに対し、聖徳太子も『日本書紀』の中で鬼扱いされていたことは、のちに触れる（221ページ）。**オオクニヌシも聖徳太子も、その正体は「日本を代表する鬼」**なのであり、二人の「鬼のような男たち」の名が無数にあったのは、それなりの理由があってのことだ。

本当は怖い「因幡の素兎」のストーリー

ややこしい話になってしまったが、オオクニヌシには、いくつもの秘密が隠されているということを、まず知っていただきたい。

オオクニヌシといえば、誰もが知る神話は、「因幡《いなば》の素兎《しろうさぎ》」だろう。けれどもこの話、意外にも『日本書紀』には載っていない。『古事記』のオリジナルである。話は、次のとおり。

オオクニヌシには多くの兄弟がいた（八十神《やそがみ》）。けれども、みな国をオオクニヌシに譲《ゆず》ったという。なぜかといえば、オオクニヌシが因幡の素兎を救ったから、という。もっとも、最初はこの兄弟、仲が悪かった。因幡のヤガミヒメ（八上比売）を娶ろうと、競い合い、オオクニヌシはいじめられていたからだ。

因幡（現・鳥取県）に向かった一行は、オオクニヌシに荷物を持たせ、従者のようにしたがえていた。気多《けた》の前《さき》（因幡国気多郡）にさしかかったとき、裸のウサギが苦しんでいた。兄たちはデタラメの治療法を教え、ウサギはひどいめにあう。

そこにオオクニヌシがさしかかり、事情を聞くとウサギは次のように訴えたのである。

「私は淤岐島《おきのしま》（隠岐か）にいて、こちらに渡って来ようとしましたが、いい方法がありません。そこで和邇《わに》（サメ）をだまし、『私とあなたの一族は、どちらが多いか、競ってみようではありませんか』といい、和邇を海に一列に並ばせました。その上をぴょんぴょん飛び移り、こちらの岸に着こうとするそのとき、『おまえらはだまされたのだ』と告げたのです。すると怒った和邇は、私を捕《と》らえ、身ぐるみ（毛皮）を剝いでしまったのです。しかも、出雲の八十神たちが、ウソの治療法を教えたのです」

そこでオオクニヌシは、正しい治療法を教え、ウサギは助かったのだった。ウサギ

一列に並んだサメを飛び移った先には……

は、ヤガミヒメを娶るのはオオクニヌシですと予言する。はたしてヤガミヒメは、八十神の求婚を退《さ》け、オオクニヌシを選んだのだった……。

おそらく、ここまでが、おぼろげに覚えている因幡の素兎の神話ではなかろうか。だが、オオクニヌシはここから、悲惨《ひさん》な目にあっている。怒った八十神たちが、オオクニヌシを殺してしまったからである。

ただし、オオクニヌシはスサノオノミコト（須佐之男命＝素戔嗚尊）の取りなしで復活し、ヤガミヒメと結ばれる。ところが、ここでもどんでん返しが待っていた。オオクニヌシの正妻・スセリビメ（須勢理毘売。何のことはない。ヤガミヒメとの関係は、浮気だったわけである）の嫉妬《しっと》を恐れたヤガミヒメは、生まれ落ちた御子を木に挟《はさ》んで棄ててしまったのである。

何とも、後味の悪い結末ではないか。因幡の素兎神話は、けっして牧歌的ではないのだ。そしてこの後、ヤガミヒメは、神話から姿を消すのである。

一方、『日本書紀』の神話に、因幡の素兎説話はなく、オオクニヌシが誕生してスサノオが根《ね》の国《くに》に去ると、その後、天上の神々がオオクニヌシの支配していた葦原《あしはらの》中国《なかつくに》に、アマテラスオオミカミ（天照大神）の孫を降臨させようとする場面に話が飛ぶ。

天上からは、オオクニヌシを懐柔《かいじゅう》しようと、神々が遣わされた。ところが、みなことごとく、オオクニヌシに媚《こ》びて、三年もの間、音信不通になってしまった。そこで天上側は、あの手この手を使って、切り崩《くず》しにかかったのだ。これがいわゆる「出雲《いずも》の国譲《くにゆず》り神話」であり、出雲側の主役が、オオクニヌシだったのである。

高皇産霊尊
たかみむすひのみこと

「有名ではないが重要」な神

タカミムスヒノミコト（高皇産霊尊）といっても、アマテラスオオミカミ（天照大神）やスサノオノミコト（素戔嗚尊）、オオクニヌシノカミ（大国主神）らのように、有名な神ではない。無名なのは当然で、この神を主祭神に選んで祀る神社は、それほど多くない。その理由は、どこか「作られた神」というイメージが強く、人気がないからだろう。けれども神話の中で、この神は重要な位置に立っている。

天上の神々は、葦原中国《あしはらのなかつくに》（具体的には出雲）の支配権を主張していくが、このとき中心に立っていたのが、タカミムスヒである。

『日本書紀』におけるタカミムスヒの初出は「本文」ではなく、神話の第一段一書第四と、なぜか〝密《ひそ》か〟に出現している。クニノトコタチノミコト（国常立尊）が生まれ、その後に生まれ落ちたというのだ。イザナギノミコト（伊弉諾尊）やイザナミノミコト（伊弉冉尊）が生まれるよりも早い段階のことである。

ちなみにタカミムスヒの原義は、高い場所から降臨する、神聖で「生み出す力」を持つ霊力《れいりよく》の意味を持つ。**タカミムスヒが突然力を発揮するのは、アマテラスの孫が生まれたとき**からである。

神話の第九段本文の冒頭には、アマテラスの子・マサカアカツカチハヤヒアマノオシホミミノミコト（正哉吾勝勝速日天忍穂耳尊）とタカミムスヒの娘の間にアマツヒコヒコホノニニギノミコト（天津彦彦火瓊瓊杵尊。ニニギ）が生まれると（つまり、アマテラスとタカミムスヒ双方の孫、ということになる）、タカミムスヒは孫を寵愛《ちようあい》し、大事に育て上げたという。そして、この御子を葦原中国の支配者にしようと考えたのである。

そこで下界を見下ろしてみると、蛍火《ほたるび》のように光る神と、五月の蠅《はえ》のようにうるさい邪神《じやしん》がいた。草木には精霊《せいれい》が宿《やど》り、言葉を発していた。タカミムスヒは神々を集めて、会議を開く。

「私は葦原中国の邪しき鬼を払い、平定《へいてい》しようと思う。誰を遣わせばよいだろう」

するとと、「アメノホヒノミコト（天穂日命）がよいでしょう」ということだったので、そのとおり、アメノホヒを遣わしたのだった。アメノホヒは出雲国造家《こくそうけ》の祖であり、アマテラスとスサノオの「誓約《うけい》」に際し、生まれた神である。

さて、この後、アメノホヒは、役目を果たすことができなかったのだが、このあたりの事情は、アメノホヒの段で、詳しく述べよう（63ページ）。ここで注目しておきたいのは、タカミムスヒの正体についてである。

神話の神の正体など、雲をつかむような話だ。けれども、この神には、カラクリが隠されているようなのだ。

タカミムスヒは、藤原不比等だった!?

七世紀末から八世紀にかけての王家の系譜と神話がそっくり、という指摘がある。どういうことかというと、**アマテラスを持統《じとう》天皇に、タカミムスヒを藤原不比等《ふひと》にな**

ぞらえると、系図が重《かさ》なってくる、というのである。

持統天皇は夫・天武《てんむ》天皇との間に、一粒種を産んでいた。これが草壁皇子《くさかべのみこ》で、天武天皇の崩御《ほうぎょ》と同時に、即位するはずだった。ところが病弱だったためか、足かけ三年の空位《くうい》ののち、亡くなられる。そこで急きょ、持統自身が玉座《ぎょくざ》につくのだが、持統は藤原不比等を大抜擢《ばってき》し、孫の軽皇子《かるのみこ》の立太子《りったいし》を画策《かくさく》する。けれども天武天皇の皇子が腐るほど控《ひか》えていたから、相当難儀《なんぎ》したようだ。

軽皇子立太子は、ライバル高市皇子《たけちのみこ》（天武天皇の長子《ちょうし》）の死によって実現している。軽皇子はすぐに即位して、文武《もんむ》天皇となった。藤原不比等は文武天皇に娘の宮子《みやこ》をあてがい、生まれた子が、首皇子《おびとのみこ》で、のちの聖武《しょうむ》天皇である。

藤原不比等は、首皇子にも娘の光明子《こうみょうし》を嫁《とつ》がせ、「藤原のための天皇」の誕生を願い、夢を叶《かな》えたわけである。

すでに触れたように、『日本書紀』は、天皇家のもっとも大切な太陽神＝アマテラスを、女性だったと語っている（36ページ）。そしてアマテラスは、子ではなく孫を地上界の支配者にしようと目論《もくろ》んだという。この計画の中心に立っていたのがタカミムスヒで、まずこの図式が持統と文武天皇の系譜、そして、藤原不比等の暗躍《あんやく》の図式によく似ている。女神・アマテラスは持統天皇に、したたかな男神・タカミムスヒは藤原不比等に重なってくるのだ。

さらに、持統と藤原不比等の血を受け継《つ》いだ聖武天皇が即位したことは、アマテラスとタカミムスヒの孫がニニギだったことにそっくりなのである。

つまり、出雲《いずも》の国譲《くにゆず》りの設定は、『日本書紀』編纂前後のヤマトの政治状況とそっくりなのである。さらに、ここが大切なところなのだが、藤原不比等の父・中臣鎌足が討《う》ち滅ぼした蘇我本宗家《ほんそうけ》が、なぜか「出雲」と強い接点を持っていたのである。

蘇我と出雲のどこがつながっていたのかについては、この後詳しく触れよう（147ページ）。

ひょっとすると、これまで絵空事と思われてきた神話は、七世紀、八世紀の歴史と、密接にかかわっていたかもしれないのである。

天穂日命
あめのほひのみこと

秘密のベールに包まれている「出雲国造家の祖神」

アメノホヒノミコト（天穂日命）は目立たない神だが、その末裔は、いまだに秘密のベールに包まれている。出雲国造家《こくそうけ》のことである。

出雲国造家の「国造《くにのみやつこ》」とは、律令《りつりょう》制度が整う以前の地方行政官のことだ。七世紀には全国から姿を消し、これに成り代わって「国司《こくし》」や「郡司《ぐんじ》」が任命されたのだが、出雲だけ、なぜか「国造」が生き残り、あろうことか今日まで命脈《めいみゃく》を保《たも》っている。つまり、出雲国造家とは、太古《たいこ》の亡霊《ぼうれい》なのである。

なぜ出雲だけ、国造が残ったのだろう。

そこで、アメノホヒが何をした神なのか、そこから話を進めていこう。

タカミムスヒノミコト（高皇産霊尊）が葦原中国《あしはらのなかつくに》を孫に支配させようと考え、真っ先に地上界に送り込んだのがアメノホヒであった。ところがアメノホヒは、オオクニヌシノカミ（大国主神）に媚び、三年間復命《ふくめい》してこなかったという。

この神話の設定からして、どうにも引っかかるものがある。なぜなら、**天上の意向《いこう》を無視し裏切ったアメノホヒが、なぜその後、出雲の行政のトップに任命されたのか、**ということである。それだけではない。アメノホヒの末裔は、ただ単に、出雲を支配していたわけではない。出雲の亡霊・オオクニヌシを祀ることが、彼らのひとつの大きな仕事だった。そしてもうひとつ、彼らには役目があった。『出雲国造神賀《いずものくにのみやつこのかむよ》詞《ごと》』を読めば、その役割がはっきりとする。

『出雲国造神賀詞』は、出雲国造が新任されたのちに都に上り、述べる神賀詞（神に奏上《そうじょう》する祝詞《のりと》）である。その内容は、出雲の神々が恭順《きょうじゅん》の意を示していること、ヤマト周辺に、守り神となって鎮座《ちんざ》していることを報告するものである。

つまり、出雲国造家は、出雲神の代理として都に赴いていることになる。いったい出雲国造家とは、何者なのだろう。

神話には、「真実の歴史」が封印されている!?

まだまだ謎は続く。出雲国造家は、天皇とそっくりなのだ。天皇は大嘗祭《だいじょうさい》で「日継《ひつ》ぎ」を執《と》り行なうが、出雲国造家は、「火継《ひつ》ぎ」をする。大皇家の継承する「日」は、太陽神・アマテラスオオミカミ（天照大神）の御魂《みたま》であり、かたや出雲国造家の「火」は、「神火《しんか》」であるという。

「日」と「火」は、まったく別物だが、出雲国造家にいわせれば、「日」や「火」は、「霊《ひ》」で、原義は同じだ、というのである。

出雲国造家の火継ぎの神事《しんじ》も興味深い。杵築《きづき》（出雲大社）に詰めている出雲国造が重篤《じゅうとく》になると、大急ぎで意宇《おう》の神魂神社《かもすじんじゃ》に使者が送られる。走れメロスのように、使者はひたすら走り続ける。「神火相続《おひつぎ》」の準備を始めるためだ。

杵築では、国造が亡くなられても、これを秘匿《ひとく》し、生きているときと同じような生活が遺骸《いがい》に強要される（すさまじい慣習ではないか）。なぜこのようなことが行なわれるのかというと、「出雲国造は死なない」からである。

すでに触れたように、出雲国造家は代々大切な「火」を継承してきたが、この「火」は「霊《ひ》」で、誰の霊かといえば、それは、祖神・アメノホヒであり、しかも同時に、出雲《いずも》の国譲《くにゆず》りで屈辱《くつじょく》を味わったオオクニヌシそのものでもあるのだという。

つまり、アメノホヒは、オオクニヌシの御杖代《みつえしろ》（依代《よりしろ》）になったのであり、出雲国造家は、代々オオクニヌシの御杖としてのアメノホヒの霊を継承してきたことになる。霊を継承するから、出雲国造はアメノホヒそのものであり、死なないのである。

かつて、「出雲神話は絵空事」と信じられてきた。ところが、一九八〇年代に荒神《こうじん》谷《だに》遺跡や加茂《かも》岩倉《いわくら》遺跡から常識を覆すほどの大量の青銅器《せいどうき》が発見され、風向きが変わってきた。その後も、山陰地方から、いくつもの弥生時代後期の遺跡が出現し、ヤマト建国の直前、「出雲はそこにあった」ことがわかってきた。

それだけではない。「出雲」は、日本の歴史に大いにかかわりを持っていた。三世紀のヤマトの纒向《まきむく》遺跡に、山陰系の土器が流入していたこともわかって、出雲がヤマト建国に一肌脱いでいた可能性が高まった。

さらに、四世紀に入ると、なぜか出雲が急速に衰弱《すいじゃく》していたこともわかってきた。ヤマトで完成した前方後円墳を造営せず、方墳《ほうふん》や小ぶりの前方後方墳《ぜんぽうこうほうふん》（前方後円墳ではない）を採用せざるを得なかったのである。

ヤマト建国直前の出雲の勃興《ぼっこう》とヤマト建国後の出雲の衰弱は、まさに出雲の国譲りを証明しているかのようであり、ここに、出雲の謎が隠されている。

そしてもちろん、アメノホヒや出雲国造家の謎も、神話の中にそのヒントが隠されているかもしれないのである。

問題は、八世紀の朝廷が、ヤマト建国のいきさつを熟知していて、だからこそ真実の歴史を神話の世界に封印してしまったのではないかと思えてくることなのである。

『日本書紀』は初代神武《じんむ》天皇がヤマトに入るよりも早く、出雲神・オオモノヌシノカミ（大物主神）がヤマトで祀られ、この神を「ヤマトを造成《ぞうせい》した神」と称《たた》えてさえいる。

出雲神話には、これまで見過ごされてきた秘密が隠されていたように思えてならない。そうでなければ、出雲国造家のような、奇妙奇天烈《きみょうきてれつ》な一族が、生き残るはずもなかったのである。

天稚彦
あめわかひこ

骨抜きにされてしまった「裏切りの神」

アメワカヒコ（天稚彦）も、あまり有名な神ではない。しかし、この神にも謎がある。

話は出雲《いずも》の国譲《くにゆず》りの場面に戻る。葦原中国《あしはらのなかつくに》を孫に支配させようと考えたタカミムスヒノミコト（高皇産霊尊）は、何人もの神を地上界に降ろすが、みな出雲に同化してしまい、思うようにならなかった。そこで、改めて神々を集めて、誰を遣わすべきか尋《たず》ねてみた。すると、アマツクニタマ（天国玉）の子のアメワカヒコが勇壮《ゆうそう》な神ということなので、タカミムスヒは、アメワカヒコに天鹿児《あまのかご》弓《ゆみ》と天羽羽《あまのはは》矢《や》を賜《たまは》って遣わしたのだ。

ところが、アメワカヒコも、出雲に着くと、骨抜きにされた。ウツシクニタマ〈顕国玉。アマツクニタマの対《つい》になる存在で、オオクニヌシノカミ〈大国主神〉の別名でもある〉の娘のシタデルヒメ〈下照姫。『古事記』には、タカヒメノミコト〈高比売命〉の名で登場する〉を娶り、住みついてしまった。それどころか、「私も葦原中国を統治してみたい」といい出す始末。つまり、出雲の高貴な女人《にょにん》に婿《むこ》入りしたことで、相応の地位を確立した、ということだろう。このあたりの筋書き、じつに生々しく感じてしまう。この説話の裏側には、「真実の歴史」の匂いが、ぷんぷん漂《ただよ》っている。

ヤマト建国前後の主導権争いが、アメワカヒコ説話に隠されているように思えてならない。説話の舞台は出雲だが、天皇家誕生にいたるゴタゴタが、出雲だけで済んでいたわけがなく、一連の事件は、もっと広がりを持っていたのではあるまいか。神話の中で、ヤマト建国前後のヤマトや、当時の巨大勢力、北部九州や吉備がまったく登場しないというのも、不自然なのである。

それはともかく、アメワカヒコは、タカミムスヒに復命しなかったという。天上側から見れば、明らかな裏切りである。

「キジを射抜いた矢」にあった秘密

もっとも、そうとは知らず、タカミムスヒは、久しく連絡のないことを怪《あや》しみ、無名雉《ななしきぎし》（名前のないキジ）を遣わし、様子をうかがわせた。雉はアメワカヒコの門前の杜木《かつら》（神聖で邪気を払う木）の枝に止まった。その雉を、アメワカヒコはタカミムスヒから貰《もら》い受けた天鹿児弓と天羽羽矢で射殺してしまった。するとその矢は、タカミムスヒの元に届いたのである。

タカミムスヒは、その矢に見覚えがあった。アメワカヒコに授《さず》けた矢であり、矢に血がにじんでいるのを見て、アメワカヒコが国神《くにつかみ》と戦っているのだろうと思った。そこで矢を投げ返すとアメワカヒコの胸に突き刺《さ》さったのである。

ちょうどアメワカヒコは、新嘗《にいなめ》の祭事を執り行ない、伏せていたところだった。矢にあたったアメワカヒコは、落命《らくめい》する。ちなみに、アメワカヒコがこのとき、新嘗祭《しんじょうさい》を行なっていたということは、葦原中国の王になろうとしていた疑いがある。やはり、アメワカヒコの神話は、重大な秘密を握っている。

不気味な「そっくりさんの神」のエピソード

アメワカヒコの死に接し、妻・シタデルヒメは嘆き悲しみ、その声が天に届いた。アメワカヒコの父親・アマツクニタマは、その声でアメワカヒコの死を知り、疾風《はやち》(ようするに風。古くは、風が遺体=魂を運ぶという信仰があったようだ)を遣わし、死体を天上に運び、喪屋《もや》を造って殯《もがり》(古代の葬制《そうせい》。埋葬する前の仮埋葬《まいそう》)を執り行なった。

さて、以前よりアメワカヒコは、葦原中国のアジスキタカヒコネノカミ(味耜高彦根神)と親交を深めていた。だから、アジスキタカヒコネは、天上にのぼり、喪を弔《とむら》った。

ところがこの神は、アメワカヒコの生前の姿にそっくりだったという。アメワカヒコの親族や妻子《さいし》は、みな「わが君は生きておられた」といって、帯にすがって喜び、泣いたのである。アジスキタカヒコネは、激怒した。

「朋友《ほうゆう》の道として弔ったのだ。遠くからやってきて弔意《ちょうい》を表わしているのに、なぜその私を死者と勘違《かんちが》いするのだ」

そういって、剣を抜いて喪屋を切り倒してしまった。喪屋は地上に落ち、山になった。これが美濃国《みののくに》（岐阜県）の喪山《もやま》だという。このことから、「世の人は生きている人と死者を間違えることを忌《い》みきらうようになった」というのである。

この神話は、謎めく。**なぜ、親族や妻子も間違えるほどそっくりな神がいたのだろう。このような現象は、アメワカヒコに限らないから問題なのである。**

もっともわかりやすい例は、武内宿禰《たけのうちのすくね》であろう。武内宿禰は第十五代応神《おうじん》天皇とその母・神功《じんぐう》皇后の忠臣《ちゅうしん》として活躍した人物なのだが、そっくりさんがいたと、『日本書紀』は伝えている。

話の顚末はこうだ。応神天皇の時代、武内宿禰が九州の地に視察に出向いていたときのこと、弟の甘美内宿禰《うましうちのすくね》が、

「武内宿禰が三韓《さんかん》（朝鮮半島の国々）と結び、謀反《むほん》を企《たくら》んでいます」と讒言《ざんげん》したのだった。武内宿禰は殺されかけたが、真根子《まねこ》という者がそっくりだったため、自ら進み出て、武内宿禰の身代わりに自害して果てたというのである。

さらに、もうひとつ、「本人と身代わりが入れ替わった」という話がある。それが、出雲国造家《こくそうけ》なのだ。

八月十四日（旧暦七月四日）、出雲では神幸祭《しんこうさい》が行なわれる。禰宜《ねぎ》（神官）が深夜、稲佐《いなさ》の浜に赴き神事を執り行なう。稲佐の浜とは、オオクニヌシが天神《あまつかみ》に国を譲り渡した屈辱の地である。当日の深夜、出雲大社境内の門が開かれ、狩衣《かりぎぬ》を着込んだ禰宜が、神幸を始める。禰宜はオオクニヌシを連れて、稲佐の浜に出向く。ただし、このとき誰も禰宜の姿を見てはいけないのだという。誰かに見つかれば、「穢れた」といって、神幸は一からやり直すのである。だからこの晩、氏子《うじこ》は固く扉を閉ざして息をこらしているという。

どうやらこの祭り、出雲の国譲りを再現するものではないかと思われる。オオクニヌシが稲佐の浜に出向き、天神に恭順し、出雲を去った（ようするに死ぬのだ）故事を振り返るのである。

ただし、この祭り、単純な「歴史の再現」ではない。この神幸祭、別名を身逃神事《みにげのしんじ》というのだが、その理由は、祭りの主役・出雲国造がひっそりと身を隠していることから名づけられたという。オオクニヌシの分身である出雲国造が、なぜ大切な祭りで、オオクニヌシの御幸《みゆき》に同行せず、隠遁《いんとん》したというのであろう。

ここに、出雲神話の本当の秘密が隠されているのではあるまいか。出雲が天神に敗れたとき、オオクニヌシは死んでいなかった疑いが出てくる。アメワカヒコのそっくりさんの話も、こうなってくると、妙に不気味に思えてくる。

神話を絵空事と棄て置くことはできない。たとえば「そっくりさんがいた武内宿禰」も、出雲と不思議な縁でつながってくるからである（215ページ）。

下照姫《したでるひめ》

オオクニヌシの娘にして謎の神

出雲神の謎にこだわるのは、出雲がヤマト建国の歴史と大いにかかわっていた可能性が高まっているからである。

弥生時代後期、それまで北部九州に独占されていた鉄器が山陰地方に流れ込み、出雲は急激に発展している。出雲大社の南側には、巨大な四隅突出型墳丘墓《よすみとっしゅつがたふんきゅうぼ》が出現し、日本海づたいに北陸地方や東北地方南部まで、この埋葬文化が伝播《でんぱ》している。ヤマト建国前後には、畿内《きない》の土器に混じって山陰系の土器が、北部九州にもたらされている。もちろん、ヤマトの纒向《まきむく》遺跡からも、山陰系の土器が見つかっている。

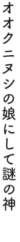

これら考古学の発見は、出雲が実在したことを証明している。もし仮に、『日本書紀』がヤマト建国の詳細を熟知していたとすれば、出雲とヤマト建国の歴史を歪曲《わいきょく》し、真実を神話の中に封印《ふういん》してしまった可能性も出てくるのである。

しかも、もし出雲《いずも》の国譲《くにゆず》り神話が創作だとしたら、なぜ出雲国造家《こくそうけ》が特別扱いされ、出雲国造家は千何百年にわたって、出雲の国譲りを再現するかのような神事を執り行ない、さらにその中で、「身逃げ」をしなければならなかったのだろう。何かしらの悲しい歴史が横たわっているからこそ、出雲国造家という不思議な一族が生き残ったとしか考えられないのである。そこでもう少し、出雲にこだわってみよう。

さて、アメワカヒコ（天稚彦）の妻・シタデルヒメ（下照姫）も、謎の神である。『古事記』によれば、オオクニヌシノカミ（大国主神）とタキリビメノミコト（多紀理毘売命。宗像神《むなかたしん》）の間にアジスキタカヒコネノカミ（味耜高彦根神〈阿遅鉏高日子根神〉）とタカヒメノミコト（高比売命。またの名はシタテルヒメノミコト〈下光比売命〉。『日本書紀』ではシタデルヒメ）が生まれたとある。シタデルヒメは、アメワカヒコにそっくりなアジスキタカヒコネの妹だったわけである。ちなみに物部系の文書『先代旧事本紀《せんだいくじほんぎ》』には、シタデルヒメの兄はコトシロヌシノカミ（言代主神〈事代主神〉・オオクニヌシの子）だったと記されている。

シタデルヒメの活躍の場面はわずかだ。先に触れたように、夫のアメワカヒコの死を嘆く場面がひとつ（70ページ）。さらに、『日本書紀』第九段一書第一と『古事記』の中で、次のような説話がある。

アメワカヒコの喪屋をアジスキタカヒコネが切り倒したとき、アジスキタカヒコネは容姿《ようし》端麗《たんれい》で、二つの丘、二つの谷の間に照り輝いていたという。そこで喪に集った人々は、アジスキタカヒコネを称える歌を作ったといい、また、この歌はシタデルヒメが、人々に照り輝く神がアジスキタカヒコネであることを知らせるために歌ったとある。

一般に、アジスキタカヒコネとシタデルヒメ（タカヒメ）に「高」の字がつきまとうのは、高い場所から下界を照らす雷神《らいじん》の性格を帯びているからとされている。だが、本当にそうなのだろうか。「下界を照らす神」「高所から見下ろす神」がシタデルヒメの名の由来であるとすれば、太陽神であってもおかしくはない。「シタデルヒメ」は、「アマテラスオオミカミ（天照大神）」と対の名とみなすことも可能だ。天上を照らす「アマテラス」、下界を照らす「シタデルヒメ」ということになる。通説は、神話にアマテラスが登場するから、それ以外に太陽神がいるはずがない、と考えるのだろうが、太古の日本列島には、朝廷の定めたアマテラス以外にも、太陽神はそれぞれの集落、それぞれの思いの中に、無数にいたはずなのである。そう考えると、**シタデルヒメも、出雲の太陽神（あるいは太陽神を祀る巫女）であった**可能性を疑っておいたほうが合理的である。

神話から読み解く「邪馬台国の王位争い」

『古事記』には、アカルヒメノカミ（阿加流比売神）なる女神が難波《なにわ》の比売碁《ひめこ》（語）曾《そ》神社に祀られたといい、また大阪府大阪市東成区の比売許曾神社は、下照比売《したでるひめ》神社とも称されていた。比売許曾神社の祭神はアカルヒメとも、シタデルヒメ（下照比売＝下照姫）とも考えられていたのだが、アカルヒメも、照り輝く女神のイメージを持つ。

飛鳥坐《あすかにます》神社（奈良県高市郡明日香村）の祭神の中にシタデルヒメが含まれている。別名をアスカノミヒヒメノミコト（飛鳥三日比売命）というが、「日」も「比売（日《ひ》女《め》）」も、太陽神とかかわりのある名である。

なぜこのような些末《さまつ》なことにこだわるかというと、**アメワカヒコとシタデルヒメの夫婦が、邪馬台国《やまたいこく》の王位をめぐる争いに似ている**からである。

すでに触れたように、『日本書紀』の中でアマテラスは最初、オオヒルメノムチ（大日孁貴）の名で登場していたが（36ページ）、孁は一字で「巫女」の意味だから、分解すると「大日巫女《おおひみこ》」となる。アマテラスは「日巫女」で、邪馬台国の卑弥呼《ひみこ》に通じる。

問題はここからだ。『魏志倭人伝《ぎしわじんでん》』によれば、三世紀半ばの卑弥呼の死後、男王が立ったが、国中が服さず混乱が起き、千余人が死んだという。そして、卑弥呼の宗女《そうじょ》（一族の女）・台与《とよ》（壱与《いよ》）が王となり、安寧《あんねい》を取り戻したというのである。

アメワカヒコは勝手に葦原中国《あしはらのなかつくに》の王になろうとし、かたや天上のアマテラス（卑弥呼）の相棒・タカミムスヒノミコト（高皇産霊尊）がアメワカヒコを殺したのであれば、アメワカヒコの悲劇は、邪馬台国の王権争いと重なってくるのである。

すると、シタデルヒメは邪馬台国の台与ということになるが、『日本書紀』はそのような素振りは見せない。では、この仮説を証明することは可能なのだろうか。

そこで、もうひとりの出雲の謎の女神に注目してみよう。

賀夜奈流美命《かやなるみのみこと》

古代史解明の鍵を握る「天皇家の守り神」

カヤナルミノミコト（賀夜奈流美命）は、無名の神で、ほとんど注目されてこなかった。

『日本書紀』や『古事記』にも登場しないのだから、知名度が低かったのは当然のことだ。けれどもこの女神は、秘密のベールで覆《おお》われ、古代史解明の鍵を握っていたといっても過言ではない。

カヤナルミは『出雲国造　神賀詞《いずものくにのみやつこのかむよごと》』の中に登場する。

神賀詞の内容は、**多くの出雲神がヤマトの地で、天皇家の守り神になるというもの**

で、その神々の中の一柱が、カヤナルミである。

飛鳥の中心、飛鳥坐《あすかにます》神社が、もともとの鎮座地であった疑いがあるが、現在では、飛鳥川の上流栢森《かやのもり》に、加夜奈留美命《かやなるみのみこと》 神社が鎮座する。いまとなっては無名の神社で、訪れる人もほとんどいない。かつては橿原《かしはら》神宮前駅から一日何本かバスが出ていたが、現在では石舞台《いしぶたい》の終点から歩いていかなければならない（片道三〇分ほど）。

ただし、飛鳥川上流には「棚田《たなだ》百選」に選ばれた風光明媚《ふうこうめいび》な風景が広がり、「奈良好き」なら、一度は訪れてみたい場所である。

たいしたことはない。飛鳥から往復一時間のハイキングと思えば、とっても近い。

では、カヤナルミとは、何者なのだろう。もちろん、『出雲国造神賀詞』に名前が登場するだけで、正体を明かすヒントは、きわめて乏《とぼ》しい。しかし、出雲を代表する四柱の神に選ばれたのだから、出雲国造家《こくそうけ》や天皇家にとって、無視できない存在だったことは明らかである。

ちなみに、『出雲国造神賀詞』に読み上げられた出雲神たちの顔ぶれは、次のとおり。オオモノヌシノカミ（大物主神。オオナムチノカミ〈大己貴神〉、オオクニヌシノカミ〈大国主神〉の和魂《にぎみたま》）、アジスキタカヒコネノカミ（味耜高彦根神）、コトシロヌシノカミ（事代主神）、カヤナルミで、それぞれが、三輪《みわ》、葛城《かつらぎ》、雲梯《うなて》、飛鳥といった古代ヤマトの中心部の神奈備《かんなび》に鎮座する、というのである。

すでに江戸時代、国学者たちはカヤナルミに注目していた。平田篤胤《ひらたあつたね》や鈴木重胤《すずきしげたね》は、「賀夜」は「高屋《たかや》」で、「奈流」は「～にいます」、「美」は「ヒメ（比売）」だといい、「高屋にいらっしゃる神」「高い場所から下界を照らす神」と推理し、オオクニヌシと宗像神《むなかたしん》との間の娘「タカヒメ（高姫）」「シタデルヒメ（下照姫）」「タカテルヒメ（高光姫）」と同一ではないか、と指摘する。

さらに、『出雲国風土記』神門郡多伎郷《かむどのこおりたきのさと》の条には、「天《あめ》の下造《したつく》らしし大神《おおかみ》（オオクニヌシ）の御子、アダカヤヌシタキキヒメノミコト（阿陀加夜努志多伎吉比売命）」が登場する。この神の名の「ダカヤ（陀加夜）」の部分が「高屋」に通じること、「タキ（多伎吉）」が、宗像三神（タキリヒメノミコト〈多紀理姫命〉・イチキシマヒメノミコト〈市寸嶋姫命〉・タキツヒメノミコト〈多岐津姫命〉）の「タキリヒメ」に通じるところから、『出雲国風土記』のアダカヤヌシタキキヒメは、『出雲国造神賀詞』のカヤナルミや『日本書紀』のシタデルヒメと同一だろうとする。

なぜ、カヤナルミという名なのか

このように、江戸時代の国学者たちは、カヤナルミをシタデルヒメと結びつけたが、その蓋然性《がいぜんせい》は高い。というのも、すでに触れた『出雲国造神賀詞』に登場する神々は、オオクニヌシとその御子たちで、ようするにカヤナルミは、シタデルヒメ同様、オオクニヌシの娘だったからである。

ここで注目しておきたいのは、カヤナルミの名前のことである。江戸時代の国学者は、「賀夜」を「高屋」と解釈したが、「賀夜」は「伽耶《かや》」にも通じる。「伽耶」は古代の朝鮮半島南部に出現した小国家群で、六世紀に滅亡するまで、ヤマト朝廷とは密接なつながりがあった。しかも、出雲から日本海を渡れば、そのまま伽耶に辿り着くのであり、「賀夜」の名を無視することはできない。

では、**カヤナルミと「伽耶」には、接点が隠されていたのだろうか。**

先ほど登場したヒメコソ（比売語曾）とは、第十一代垂仁《すいにん》天皇の時代に新羅（正確には伽耶。新羅が伽耶を六世紀に併呑《へいどん》したため、二つの国は、混同されやすい）から来日したアメノヒボコ（天日槍）が追ってきた童女なのだが、この女神が難波に祀られ、アカルヒメノカミ（阿加流比売神）やシタデルヒメ（下照比売）と混同されていることはすでに触れてある（77ページ）。神代《かみよ》と歴史時代の女人たちがごちゃ混ぜになっているのだが、これはたんなる後世の「附会《ふかい》」「誤謬《ごびゅう》」なのだろうか。

ひとつ指摘しておきたいことがある。アメノヒボコは第十一代天皇の時代に来日したが、元々は、第十代崇神《すじん》天皇を慕《した》って来日したということであり、崇神天皇こそ、実在のヤマトの初代王ではないかと疑われていることである。

すなわち、アメノヒボコはヤマト建国の前後に日本にやってきたわけで、実在の「出雲」が弥生時代後期から三世紀にかけて活躍していて、しかも出雲の活躍が神話化されてしまったのだとすれば、アメノヒボコも、ヤマト建国と大いにかかわりがあった疑いが出てくる。したがって、シタデルヒメとヒメコソは混同されたのではなく、本来同一であったことも、疑っておく必要がある。

伽耶からやってきたヒメコソがシタデルヒメの本当の姿で、カヤナルミとすれば、カヤナルミの名に「伽耶」の名がつけられたのは、むしろ当然のことになる。

また、ヒメコソの名が卑弥呼《ひみこ》とよく似ていることは、注意をようする。それはなぜかといえば、ようするに、どちらも太陽神を祀る「日巫女《ひみこ》」だからだろう。ヒメコソと同一と疑われるシタデルヒメが「太陽神」の要素を持っているのは、この女神が太陽神を祀る巫女だったからではあるまいか。

ではなぜ、出雲神が「伽耶」とつながっているのだろう。その答えは、のちほど（201ページ）。

経津主神
ふつぬしのかみ

剣を抜き、地面に逆さまに突き立てた軍神

フツヌシノカミ（経津主神）は、出雲《いずも》の国譲《くにゆず》りを成功させた神である。葦原中国《あしはらのなかつくに》獲得に執念《しゅうねん》を燃やすタカミムスヒノミコト（高皇産霊尊）は、アメワカヒコ（天稚彦）の裏切りののち、最後の切り札を差し向けようと考えた。誰がふさわしいか神々に聞くと、イワサクネサクノカミ（磐裂根裂神）の子のイワツツノオ（磐筒男）とイワツツノメ（磐筒女）が生んだフツヌシがよい、という。

ちなみにイワサクネサクはイザナギノミコト（伊弉諾尊）の子で、「イワサクネサク」とは、磐や木の根を裂くほどの力を持つ刀剣神であり、イワツツノオは、磐のよ

うに強い刀剣神のことだ。そうすると、フツヌシは、「刀剣」と強く結びついた神であったことがわかる。「フツ」とは、魔物を斬るときの擬《ぎ》声《せい》音とされている。タカミムスヒはフツヌシにタケミカヅチノカミ（武甕雷命。雷神、刀剣神）を添《そ》えて、葦原中国に遣わしたのである。

出雲国の五十田狭《いたさ》の小汀《おはま》に降り立ったフツヌシは、十握剣《とつかのつるぎ》を抜き、逆さまに地に突き立て、その上にあぐらをかき、オオクニヌシノカミ（大国主神）を糾問《きゅうもん》した。

「タカミムスヒは皇孫《すめみま》を降ろし、この地に君臨させようとしている。そこでわれわれが遣わされた。あなたは国を譲るか否《いな》か」

するとオオクニヌシは、「私の子に聞いてほしい」という。子のコトシロヌシノカミ（事代主神）は、出雲の三穂《みほ》の碕《さき》（美保関《みほのせき》）で釣《つ》りをしていた。また、別伝によれば、鳥の遊び（神事）をしていたという。そこで熊野の諸手船《もろたぶね》（熊野の木で造った高速船）で使者を送ると、コトシロヌシは次のように述べた。

「天神《あまつかみ》のご下問どおり、父は国を譲るでしょう。私も従います」

そうしておいて、コトシロヌシは海の中に八重蒼柴籬《やえのあおふしがき》（祭壇《さいだん》、神籬《ひもろぎ》）を造り、船を踏《ふ》み傾《かたむ》けて去っていった。

フツヌシがあぐらをかいた「剣」が示すものとは

オオクニヌシは子の言葉をもって、フツヌシらに告げた。

「私が頼みにしておりました子は、すでに去ってしまいました。もし私が戦えば、同調して戦うでしょう。しかし、私が国をお譲りすれば、みな従うでしょう」

そしてオオクニヌシは、国を平《たい》らげたときに用いた広矛《ひろほこ》をフツヌシらに授け、

「この矛を用いれば、必ず天下は安定するでしょう。私は百足《ももた》らず八十隈手《やそくまで》（幽界《ゆうかい》）に隠れます」

と述べて、去っていったのだった。**フツヌシらは諸々《もろもろ》のまつろわぬ（服従しない）鬼神どもを誅伐《ちゆうばつ》し、天上に復命した。これが出雲の国譲りである。**

古代最大級の豪族・物部氏とのかかわり

このように、出雲の国譲りを完遂《かんすい》させたのは、フツヌシの力によるところが大きい。では、フツヌシとは何者なのだろう。

すでに触れたように、フツヌシとタケミカヅチは「刀剣」とかかわりが深い。また、タケミカヅチ（武甕槌神＝武甕雷神）を祀る神社で名高いのは、鹿島神宮（茨城県鹿嶋市）で、さらに利根川の対岸には、フツヌシを祀る香取神宮（千葉県香取市）が鎮座する。なぜフツヌシらが東国で祀られるかというと、これには古代最大の豪族・物部氏がからんでいたようなのだ。

奈良県天理市の、物部氏とかかわりの深い石上《いそのかみ》神宮の主祭神はフツノミタマ（布都御魂神）で、「剣」そのものである。

韴霊《ふつのみたま》は神武《じんむ》東征《とうせい》の場面に登場する。熊野の山中で困窮《こんきゅう》していた神武一行に、タケミカヅチから霊剣・韴霊が下されたのだ。その後、韴霊は神武天皇から物部氏の祖の手に渡り、石上神宮に祀られるようになったのである。

物部氏は東国経営に力を注ぎ、鹿嶋や香取に前線基地を設け、物部系の神を祀ったわけである。そして、この韴霊が、フツヌシと同一と考えられている。従って、**出雲の国譲りに活躍した神は、物部氏と大いにかかわりがあったことになる。**

この神話の設定は、無視できない。というのも、歴史時代に入ってからも、ヤマト朝廷は出雲をいじめているが、その尖兵《せんぺい》となったのが物部氏だったからである。どうやら、物部氏は「出雲の敵」だったようなのだ。

『日本書紀』には、二回にわたってヤマトが出雲いじめをしたと記されている。まず第一回目が、第十代崇神《すじん》天皇の時代のことだ。すでに触れたように、この天皇が実在の初代王と考えられているから、この話はヤマト建国直後の話、ということになる（83ページ）。

崇神六十年七月、天皇は出雲の神宝《しんぽう》を見てみたい、といい出した。そこで武諸隅《たけもろすみ》なる人物を出雲に遣わし、神宝を献上させることにした。このとき神宝を管理していたのはイズモノオミ（出雲臣。ようするに出雲国造家《こくそうけ》）の祖のイズモノフルネ（出雲振根）だったが、たまたま筑紫《つくし》に出向いて留守《るす》にしていた。そこで弟のイイイリネ（飯入根）が、ヤマトのいうとおりに、神宝を差し出してしまった。フルネは出雲に戻り、ことの顚末を知って激怒し、弟を殺したのである。

のちにヤマト朝廷は、フルネを誅殺《ちゅうさつ》する。この話が本当なら、ヤマト朝廷は建国早々、出雲と敵対し、出雲潰《つぶ》しに走っていたことになる。

第十一代垂仁《すいにん》天皇の時代にも、同じような事件が起きている。垂仁天皇は、物部十千根大連《もののべのとおちねのおおむらじ》に、出雲の神宝を検校《けんぎょう》するように命じる。検校とは、神宝をこちらの支配下に置く、ということで、祭祀権の剝奪《はくだつ》であり、政治を「まつりごと」といっていた当時、祭祀権の簒奪《さんだつ》は、支配権の剝奪を意味していた。

問題は、先に登場した武諸隅も、物部十千根大連も、どちらも物部系の人物だったことにある。すなわち、ヤマト建国直後のヤマト朝廷の出雲いじめは、物部氏が率先《そっせん》して行なっていたことになる。この図式、出雲の国譲りを強要した神が物部系のフツヌシであったことと、ぴったりと重なってくる。はたしてこれは、偶然なのだろうか。そうではあるまい。

物部氏の祖神はニギハヤヒノミコト（饒速日命）で、この人物は神武東征よりも早くヤマト入りし、「天皇家よりも先にヤマトに舞い下り、ヤマトを統治していた」と『日本書紀』は記録している。そしてニギハヤヒは、南部九州からやってきた神武に、無抵抗のまま王権を禅譲《ぜんじょう》している。

ヤマト建国に大活躍した物部氏は、古代史の大きな秘密を握っているのである。

ところで、これは余談になるが、古代史愛好家の中には「物部ファン」が少なくない。これは、神社伝承から古代史を再現しようとした原田常治《はらだつねじ》氏の『古代日本正史』（同志社）の影響だ。この中で「物部氏は出雲神の末裔」という考えが提出され、多くの支持を集めたのだった。

私見も、この考えに衝撃を受け、しばらく同調し、多くの著書の中で、「物部は出雲」と記してきた。だが、ここのところ、考えを改めるようになった。出雲潰しに物部氏の祖がかかわっていたことは否定しようがないこと、物部氏はむしろ、吉備と強くつながっていたと思われるからだ（詳述は避けるが、文献からも考古学からも、物部と出雲は結びつかない）。

ただし、私の「転向」に、反発される方も少なくない。「どうか宗旨《しゅうし》変えを」と、懇願される方もいる。だが、物部＝出雲説は、古代史を解き明かす過程でヒント（刺激というべきか）にはなったが、同調はできない。

事代主神（言代主神）

ことしろぬしのかみ

「エビス様」として厚く信仰される託宣の神

コトシロヌシノカミ（事代主神）は、オオクニヌシノカミ（大国主神）の子で、オオクニヌシが七福神の大黒様に習合したように、コトシロヌシはエビス様となって、漁撈民《ぎょろうみん》や商人の信仰の対象になっていった。

なぜコトシロヌシがエビス様になっていったのかというと、かなり複雑な経緯が秘められているが、コトシロヌシが海と強くつながっていたことが、大きな意味を持っていたように思う。出雲《いずも》の国譲《くにゆず》りの場面で、コトシロヌシは釣りをしていたという。

エビス様が釣り竿《ざお》を持ち、鯛《たい》を抱えている姿は、まさにコトシロヌシのそれである。

コトシロヌシの行動は、すでにフツヌシノカミ（経津主神）の場面で述べてある（86ページ）。出雲の国譲りに真っ先に恭順したのが、この神だった。コトシロヌシがなぜ、父・オオクニヌシに成り代わり、国譲りを受諾《じゅだく》したのかといえば、コトシロヌシは言代主神で、依代《よりしろ》となって神の言葉を代弁する神だったからである。

コトシロヌシが海に消えたのは三穂《みほ》の碕《さき》だったが、美保《みほ》神社（島根県松江市美保関《みほのせき》町）は、エビス様の本宮としても名高い。

『古事記』には、コトシロヌシが去っていったとき、天《あま》の逆手《さかて》をし、乗っていた舟を青柴垣《あおふしがき》に変えたと記される。天の逆手は左右の手の甲を合わせる柏手《かしわで》呪術だとされるが、これはコトシロヌシが入水《じゅすい》したこと、青柴垣が殯《もがり》を暗示しているとされている。美保神社では、青柴垣神事が執り行なわれているが、これは、神話を再現し、コトシロヌシを水葬《すいそう》し、殯をしているわけである。

古くは山陰地方では、水葬がさかんだったらしい。また、砂丘《さきゅう》に遺骸を埋めていたという。出雲国造家《こくそうけ》にいたっては、亡くなると赤い牛に引かれ、菱根《ひしね》の池に沈められたのだという。

出雲の水葬の風習からコトシロヌシの入水が編み出されたのか、あるいは、コトシロヌシの故事が、出雲の水葬を生み出したのか、どちらが先か、定《さだ》かではない。ただはっきりとしているのは、「出雲の人々の死」と「水」が、強く結ばれていることである。

漁師たちは土左衛門《どざえもん》（水死人）を網《あみ》に掛けると、豊漁《ほうりょう》がもたらされると喜ぶという。なぜなら、土左衛門はエビス神だからという。じつに不気味な習俗《しゅうぞく》ではないか。コトシロヌシとエビス様と土左衛門が、どこで結びついたのだろう。恨みを抱いて海に沈んだコトシロヌシ＝エビス様が、なぜ豊漁をもたらすのだろう。

コトシロヌシは三穂の碕で釣りをしていたとも、鳥の遊び（神事）をしていたともいうが、鳥もまた、海の民と強くつながっている。

弥生土器には、しばしば鳥装の巫女が描かれるが、天皇も大嘗祭《だいじょうさい》に際して天《あま》の羽衣《はごろも》を身につける。かぐや姫も月の都に帰るに際し、天の羽衣を着た。かぐや姫は、「天の羽衣を着れば、人ではなくなる」と述べている。

天の羽衣は「鳥」のイメージであり、「鳥」の仮装をすることによって、人は神になると信じられていたのである。

古代人の「鳥」に対する信仰は、根が深い。だから、コトシロヌシが鳥の遊びをしていたという話、軽々しく無視できない。古代人と鳥の信仰については、のちにふたたび触れる（144ページ）。

天皇家に討たれた神がなぜ「天皇家の守り神」に？

コトシロヌシの不思議は、歴史時代に入ってもたびたび顔を出すことである。

神武《じんむ》即位前紀には、神武天皇がコトシロヌシの娘・ヒメタタライスズヒメノミコト（姫蹈鞴五十鈴姫命）を娶ったとあり、これを正妃《せいひ》にしたとある。ヒメタタライスズヒメの子の第二代綏靖《すいぜい》天皇は、やはりコトシロヌシの娘のイスズヨリヒメ（五十鈴依媛）を皇后に立てたという。第三代安寧《あんねい》天皇はイスズヨリヒメの子で、やはりコトシロヌシの血を引くヌナソコナカツヒメノミコト（渟名底仲媛命）を皇后に立てたとある。

第二代から第九代までの天皇は、実在しなかったとされているから、このような『日本書紀』の設定は絵空事であり、意味がないと思われるかもしれない。しかしなぜ、出雲の国譲りで敗北した神の娘たちを、ヤマト黎明期《れいめいき》の大王たちが娶ったという設定を用意する必要があったのだろう。しかも、オオクニヌシではなく、コトシロヌシが重視されたのには、何か理由があるのだろうか。

その後もコトシロヌシは、歴史に登場する。

第十五代応神《おうじん》天皇の母・神功皇后の時代のことだ。新羅征討《せいとう》を終え九州に戻った神功皇后は、応神を産み落とすと、ヤマトを目指した。ところが応神の異母兄弟が、「応神は王位を狙っている」といって、待ち構えていたのだ。神功皇后は難波に向けて進軍するが、船はぐるぐる回るだけで、前に進まない。そこで占ってみると、アマテラスオオミカミ（天照大神）や多くの神々が現われた。その中の一柱がコトシロヌシで、「私を長田国《なかだのくに》（兵庫県神戸市長田《ながた》区）に祀れ」と教えたという。

時代はだいぶ下って、七世紀に飛ぶ。大海人皇子《おおあまのみこ》（天武《てんむ》天皇）と大友皇子《おおとものみこ》が激突した壬申《じんしん》の乱（六七二）の最中の出来事である。

戦線は美濃、近江へと拡大していたが、奈良盆地の戦いの中で、大海人皇子の軍勢に、コトシロヌシの神託《しんたく》が下りている。それは、次のような内容だった。

「私は高市社《たけちのやしろ》（橿原《かしはら》市高殿《たかどの》町か）のコトシロヌシである。また、身狭社《むさのやしろ》（橿原市見《み》瀬《せ》町）にいる生霊神《いくみたまのかみ》である。神武天皇の御陵《ごりょう》に、馬と諸々の兵器を奉れ。私は天皇

海に沈んだコトシロヌシがなぜ「エビス様」に？

（大海人皇子）の前後に立ち、不破《ふわ》までお送りして今こうして戻ってきた。ふたたび官軍（大海側の軍勢）の中に立ち、軍をお守りする」

　このことから、出雲神・コトシロヌシが、大海人皇子に加勢していたことがわかる。**なぜ神話の中で、天皇家の祖神に打ち破られたコトシロヌシが、天皇家の守り神として登場するのだろう。**

　しかも、天武天皇の時代、突然姿を現わしたのも謎めく。

　コトシロヌシには、何か大きな秘密が隠されているのではなかろうか。

建御名方神
たけみなかたのかみ

神様同士の「力比べ」に敗れた神

神話といえば、『古事記』のほうが有名なのに、ここまで『日本書紀』の神話を追ってきたのは、『日本書紀』が正史であること、『日本書紀』神話の本文と異伝を総合すれば、ほぼ『古事記』の神話が出来上がるからである。

ただし、『古事記』に載せられていながら、『日本書紀』は無視してしまった神も存在する。タケミナカタノカミ（建御名方神）が、その代表例である。

ただし、『古事記』偽書説に従えば、『古事記』編纂は『日本書紀』よりも後になるのだから、『日本書紀』がタケミナカタを無視したのではなく、『古事記』が、『日本書紀』にはないタケミナカタ神話を新たに加えたというい方も可能なのだ。

通説は、『古事記』偽書説を鼻で笑っているから、このような考えをなかなか認めようとしない。

けれども、八世紀の初頭、相前後して天武《てんむ》天皇の発案による歴史書が二つ編まれたというのも奇妙な話で、それどころか、二つの文書は肝腎《かんじん》な場面で証言が食い違うなど、問題が多い。朝鮮半島に関する記事でも、『古事記』は新羅寄り、『日本書紀』は百済寄りと、外交問題で政局《せいきょく》が動いたこの時代、同じ政権内で書かれた歴史書が、敵対する両国のそれぞれを支持していた事実を、無視することはできない。『古事記』は、何か大きな秘密を背負っているとみなさざるを得ないのである（詳細は拙著『古事記禁忌　天皇の正体』新潮社）。

そして、正史ではない「怪しげな『古事記』」に、タケミナカタが登場することにも、何かしらの「意図」を汲み取りたいのである。

タケミナカタといえば、御柱祭《おんばしらさい》で名高い諏訪《すわ》大社（長野県諏訪市とその周辺）の祭神として名高い。なぜ出雲の神が、信州で祀られているのだろう。

出雲《いずも》の国譲《くにゆず》りに最後まで抵抗したのが、タケミナカタだったと『古事記』はいう。

いきさつは次のとおり。

コトシロヌシノカミ（事代主神）が国譲りに同意したのち、タケミカヅチノカミ（建御雷神〈武甕雷神〉）はオオクニヌシノカミ（大国主神）に、「これで子供はすべてか」と問いただした。すると、後ひとりいる、という。

それがタケミナカタである。ちょうどそこへ、タケミナカタが千引《ちび》きの石《いわ》（千人がかりで動かす巨大な石）を持って現われた（ようするに、タケミナカタは非常な力持ちだったわけである）。タケミナカタはタケミカヅチに力比べを挑んだがタケミナカタは敗れてしまい、東に向かって逃げたのだった。タケミカヅチは後を追い、科野国《しなの》の州羽海《すわのうみ》（長野県の諏訪湖《すわ》）で殺そうとすると、タケミナカタは、命乞《ご》いをした。

「ここから一歩も外に出ません。父オオクニヌシの仰《おお》せには背《そむ》きません。コトシロヌシの言葉にも背きません。天神の仰せのとおり、葦原中国《あしはらのなかつくに》は献上いたします」

こうしてタケミナカタは許され、諏訪に留まり、諏訪大社の祭神になったことになる。そして、諏訪大社（上社）の神官を代々つとめてきた諏訪氏（神氏《じんし》）はタケミナカタの末裔を自称している。また、同様に諏訪大社を構成する重要な地位に居続けた守矢氏《もりや》は、タケミナカタノカミが諏訪に入る以前から、この地域を支配していた一族で、祖神の洩矢神《もりやのかみ》は、当初、タケミナカタと敵対していたという。

なぜ、「敗れた神」は東国へ逃げたのか？

こうしてみてくると、タケミナカタは『古事記』だけではなく、諏訪でも語り継がれていた説話だったことになる。しかし、だからといって、タケミナカタが実在したと信じられているわけではない。ではなぜ、諏訪の地でタケミナカタの伝承が残されたのかというと、信濃の国　造《くにのみやつこ》に、多氏《おおし》系の人物が任命されたからではないかとする説がある。諏訪の下社は、多氏系（金刺氏《かなさし》）の人物が神官をつとめてきたのである。

ここにある多氏とは、太安万侶《おおのやすまろ》の親族であり、『古事記』編纂に多氏がかかわっていたとすれば、タケミナカタ神話を諏訪に持ち込んだことも十分考えられる。

『古事記』はタケミナカタをオオクニヌシの末裔として、正確に記録していない。忽然《こつぜん》と国譲りの場面に登場させている。母の名もわからない。

したがって、タケミナカタはかなり新しい段階で創作され、『古事記』に挿入《そうにゅう》された疑いも出てくるのである。

その一方で、先述の原田常治氏は、『古代日本正史』の中で、タケミナカタを祀る神社が、出雲から北陸にかけての日本海に点在すること、これらの神社を結んでいくと、出雲↓北陸↓越後↓信州へと続くタケミナカタの逃亡ルートが再現できると記している。

もちろん、通説は、このような神社伝承を無視する。けれども、もうひとつ興味深い事実がある。それは、「零落《れいらく》した出雲神が東国に逃れた」という話が、タケミナカタの神話の他に二つもあることである。

ひとつは伊勢津彦《いせつひこ》の話だ。『伊勢国風土記』逸文には、神武《じんむ》天皇の命令で、アメノミナカヌシノミコト（天御中主尊）の末裔・アメノヒワケノミコト（天日別命）が東の国の平定を命じられたという。アメノヒワケは伊勢津彦に、土地を譲るように強要する。

だが伊勢津彦は抵抗したので、これを討ったのだった。伊勢津彦は許しを請《こ》い、土地を手放し、東の方角に逃げていったという。また、のちの補注《ほちゅう》によれば、伊勢津彦は信濃の国に住んだといい、『播磨《はりま》国風土記』によれば、伊勢津彦は出雲の神だったという。もうひとつは、国神・サルタヒコノオオカミ（猨田彦大神）で、この神も伊勢の地で服従儀礼《ふくじゅうぎれい》をしたのち、東に向かって去っている。

これらの話は、出雲の国譲りにそっくりだ。

なぜ敗れた出雲神や国神らは、こぞって東国に逃れていったのだろう。これらの共通の説話には、神話に封印された何かしらの秘密が隠されていたのではあるまいか。

これは不思議なことなのだが、なぜか出雲とは縁もゆかりもないはずの東国で、出雲神がいたる場所で祀られているのである。

また、古代の関東の中心に立っていた北関東には、出雲的な要素が流れ込んでいた。出雲地方の方言は、ズーズー弁であることはつとに名高いが、出雲と東国は、知られざる強い絆《きずな》で結ばれていたのではあるまいか。

そして、『古事記』は、この東国と出雲のつながりを、タケミナカタ神話によって暗示していたのではあるまいか。

天児屋命（天児屋根）
あめのこやねのみこと（あめのこやね）

大化改新の英雄・中臣（藤原）氏の祖神

アメノコヤネノミコト（天児屋命）は中臣（藤原）氏の祖神である。

中臣氏といえば、大化改新の中臣（藤原）鎌足を思い浮かべる。天皇家の危機を救った古代史の英雄である。

けれども、中臣鎌足とアメノコヤネのつながりは、あまり密ではない。『古事記』の場合、アメノコヤネを神話に登場させているが、歴史時代の中臣氏の活躍を無視している。『日本書紀』にしても、中臣鎌足の父母の名をもらしている。これはとても不自然なことではなかろうか。なぜなら、『日本書紀』編纂時の権力者は中臣鎌足の子・藤原不比等《ふひと》なのだから、中臣鎌足の出自《しゅつじ》をはっきりさせるのが普通だからである。

では、アメノコヤネとはどのような神だったのだろう。

舞台は天《あま》の岩戸《いわと》神話である。スサノオノミコト（素戔嗚尊）の乱暴狼藉《ろうぜき》に激怒したアマテラスオオミカミ（天照大神）は、天石窟《あまのいわや》に籠《こも》ってしまい、闇に包まれてしまった。

八十万《やそよろず》の神々は、天安河辺《あまのやすのかわら》に集《つど》い、解決策を話し合った。すると、オモイカネノカミ（思兼神。深慮遠謀《しんりよえんぼう》の神）は、よい方法を思いついた。常世《とこよ》の長鳴鳥《ながなきどり》を集め、互いに長鳴きさせ、タヂカラオノカミ（手力雄神）を岩戸の脇に立たせ、中臣連《なかとみのむらじ》の遠《えん》祖《そ》・アメノコヤネと忌部《いんべ》の遠祖・フトタマノミコト（太玉命）は、天香山《あまのかぐやま》（天香具《あまのかぐ》山《やま》）の五百箇真坂樹《いおつまさかき》（よく茂《しげ》った榊《さかき》）を根っこから掘り出させ、上の枝には八坂瓊《やさかに》の五百箇御統《いおつみすまる》（珠《たま》を紐《ひも》につけたネックレス）を掛け、中の枝には八咫鏡《やたのかがみ》（大きな鏡）を、下の枝には青和幣《あおにきて》と白和幣《しろにきて》（捧げ物）を掛け、みなで祈禱《きとう》した。さらに、アメノウズメノミコト（天鈿女命）が舞った（この神については125ページで詳述）。

するとアマテラスは怪しんだ。

「私は石窟に籠もって葦原中国《あしはらのなかつくに》は暗闇であるはずなのに、なぜアメノウズメは楽しそうにしているのだろう」

そういって、少し岩戸を開けてのぞいてみた。タヂカラオは、待ってましたとばかりに、アマテラスの手を取り、石窟から引きずり出したのだった。**ナカトミノカミ（中臣神〈アメノコヤネ〉）とインベノカミ（忌部神）はすかさず注連縄《しめなわ》を引いて、境《さかい》とした。**その上で、「二度とこの中に入ってはなりません」と釘《くぎ》をさした。そして、スサノオの罪を糾弾《きゅうだん》し、償《つぐな》いをさせ、また髪を抜いた。別伝によれば、手足の爪を剝いで償わせたという。

この後も、アメノコヤネは活躍をする。神話の第九段一書第一の中で、天孫降臨《てんそんこうりん》に随伴《ずいはん》したとあり、同段一書第二には、アメノコヤネは、「神事を司《つかさど》る宗源者《もと》（宗家、本家）であり、太占《ふとまに》の卜事《うらごと》（鹿の骨を焼いて占う）をもって仕えている」とあり、葦原中国に下されたアメノコヤネとフトタマは、殿中《でんちゅう》において、外敵や災難から王家をお守りする役割を仰せつかっている。

中臣鎌足とは何者だったのか？

このような『日本書紀』の記事を信じれば、中臣氏の祖は、神話の時代から王家に近侍《きんじ》し、祭祀にかかわっていた氏族だったことになる。藤原氏の文書『大職冠伝《たいしょくかんでん》』には、中臣氏の名の由来は、神と人間の仲を取り持つの意、とあり、やはり中臣氏と神道の強いつながりが見出せる。

ところが、物部系の文書『先代旧事本紀《せんだいくじほんぎ》』には、アメノコヤネは天皇家ではなく、物部氏と強く結びついた者どもだったと記されている。物部氏の祖のニギハヤヒノミコト（饒速日命）は、神武《じんむ》天皇よりも早くヤマトに舞い下りているのだが、このとき、アメノコヤネはニギハヤヒに従ってヤマトにやってきたとある。実際、中臣氏の拠点《きょてん》は河内で、物部氏に寄り添うように固まっている。

アメノコヤネも謎だが、中臣（藤原）氏の行動も不自然である。

フトタマの末裔の斎部広成《いんべのひろなり》は、『古語拾遺《こごしゅうい》』を記し、藤原氏が権力を独占したころから、中臣氏が神道祭祀を独占し、さらには、勝手に祝詞《のりと》を書きかえてしまったと糾弾している。もし仮に、中臣氏が神代から続く「神道祭祀の家」ならば、なぜ自ら伝統を破壊するような行為に出ていたのだろう。

さらに、藤原氏の祀る春日《かすが》大社という謎がある。

春日大社のもっとも重視する神は、アメノコヤネではない。タケミカヅチノカミ（武甕雷神）とフツヌシノカミ（経津主神）をまず東国の鹿島神宮、香取神宮から勧請して、主祭神に祀りあげている。

中臣氏の地盤である河内には、枚岡《ひらおか》神社（大阪府東大阪市）が鎮座し、主祭神は春日大社と同じように、タケミカヅチ（武甕槌神＝武甕雷神）、フツヌシ、そしてアメノコヤネである。ただし、最初からこうだったわけではない。アメノコヤネを祀っていたのに、春日大社ができた後になって、タケミカヅチとフツヌシが加えられたのである。

つまり**春日大社では、まず東国の神を勧請し、その後に、枚岡神社からオマケのようにアメノコヤネを招いた**のだった。そして、枚岡神社は、のちにタケミカヅチとフツヌシを祀るようになったのである。

この春日大社の不自然さから、中臣鎌足の出自に疑念の目が向けられるようになった。『日本書紀』の中で、中臣鎌足は父母の名もわからず、忽然と歴史に登場していたからである。『大鏡《おおかがみ》』には、藤原氏が鹿嶋（鹿島アントラーズの鹿嶋市）からやってきたと書かれていて、中臣鎌足は鹿島神宮の神官あがりの成り上がり者だったのではないかと疑われるようにもなったのである。

藤原氏は他人の祖神を〝横取り〟した!?

たしかに、中臣鎌足の出自は怪しい。だが私見は、中臣鎌足鹿嶋出身説を採らない。この人物を、人質《ひとじち》として来日していた百済王子・豊璋《ほうしょう》とみる。

なぜこのような考えを持つにいたったかというと、藤原氏の命運が、百済遺民とそっくりなことが第一。

そして第二に、百済王子・豊璋の来日後、中臣鎌足が忽然と歴史に登場していること。

第三に、中大兄皇子《なかのおおえのみこ》が無謀《むぼう》な百済救援《きゅうえん》（白村江《はくそんこう》の戦い）を敢行《かんこう》したとき、豊璋は本国に戻っているが、なぜか中臣鎌足は歴史から姿を消していたのだった。戦乱が収まった後、中臣鎌足はふたたび『日本書紀』に登場している。

中大兄皇子の懐刀《ふところがたな》である中臣鎌足が、なぜ中大兄皇子の人生最大のピンチに、さぼっていたのか、これまでの常識を当てはめているだけでは、この謎を解き明かすことはできないのである。

つまり、**中臣鎌足は百済系渡来人だったが、物部氏の配下にあった中臣氏と縁を結ぶことで、「日本人」になりすました**のだろう。さらに、中臣鎌足の子の藤原不比等《ふひと》は、『日本書紀』の中で、中臣氏の祖神を顕彰《けんしょう》（隠れた功績を世間に知らせること）し、神道の中心に立っていたかのように印象づけることに成功したのだろう。

また、藤原氏は、春日大社を創建《そうけん》するとともに、物部系の神（タケミカヅチとフツヌシ）を横取りしたと考えられる。豊璋は中臣氏になりすましたとはいえ、本来この一族は、物部氏の風下に立っていた一族だった。彼らが朝堂《ちょうどう》のトップに立った以上、この図式は書きかえる必要がある。そこで『日本書紀』の中で、アメノコヤネは天上（高天原《たかまのはら》）で活躍する天皇家に近い神として描かれる一方で、藤原氏は、物部の祖神を氏神《うじがみ》にしてしまったのだろう。

第二部

天孫降臨&神武東征の神々

――「神話」と「歴史」をつなぐ
エピソードの数々

「神話は絵空事」という常識を疑う

いよいよ話は、天孫降臨《てんそんこうりん》と神武《じんむ》東征《とうせい》に進む。主人公は、アマテラスオオミカミ（天照大神）とタカミムスヒノミコト（高皇産霊尊）の孫・アマツヒコヒコホノニニギノミコト（天津彦彦火瓊瓊杵尊。ニニギ）とその末裔である。

天孫降臨神話と神武東征のあらましは、次のようなものだ。

天上界（高天原《たかまのはら》）のタカミムスヒが、孫のニニギ（アマテラスの孫でもある）を地上界の支配者にしようと送り込む話で、ニニギは南部九州に辿り着く。そして、ニニギの曾孫《ひまご》・神武天皇が、南部九州からヤマトに向かって進み、ヤマトが建国されたというものである。

ここで前もって伝えておきたいのは、「神話は絵空事」という常識を、まず疑ってほしい、ということなのだ。

天上から高天原に神々が舞い下りたという天孫降臨神話といえば、「ありえない」というのが、常識的な考えだろう。だが、本当にそうだろうか。

天孫降臨神話は、ストーリー展開からして、普通ではない。なぜなら、当時最先端地域だった北部九州を素通りして、なぜか天皇家の祖神は南部九州を選んでいる。だから、神武天皇も当然、「おそらく僻地《へきち》であったろう日向《ひむか》からヤマトに乗り込んだ」という設定になってしまった。

通説は、この事態を、「天皇家の歴史を長く、遠く見せかけるため」とするが、それは困った挙《あ》げ句の詭弁《きべん》というもの。こんなありきたりの考えで満足するぐらいなら、いっそのこと「神話は事実だった。事実だから、事実をそのまま書いたのだ」と、暴言を吐きたくなってくる。

いや、奇をてらうわけではなく、**天孫降臨は現実に起きていたのではないか**と、筆者は密かに勘ぐっているのである。

もっとも、天孫降臨と神武東征が、何かしらの史実《しじつ》をもとに構築されたのではないかとする考えが、まったくないわけではない。

たとえば邪馬台国北部九州論者は、朝鮮半島から渡来した人々が北部九州に王国を築き（その中心が邪馬台国）、のちに彼らが東に移動し、ヤマトを建国していたのではないか、と推理している。
弥生時代後期から三世紀にかけて、日本列島の最先端地域は、朝鮮半島にもっとも近い北部九州だったのだから、このような発想は、むしろ当然のことなのかもしれない。

その一方で、天皇家の祖が南部九州に舞い下りたという神話の設定は、あながちデタラメと決めつけることはできない、という考えが皆無《かいむ》というわけではない。というのも、台湾や中国の南部から船を漕《こ》ぎ出せば、南西諸島を経由して、南部九州に容易に辿り着けるからだ。すなわち、中国南部の人々が南部九州に渡来し、さらにヤマトを征服したのではないか、とするのである。

では、どれが本当のことだったのだろう。筆者は、筑紫《つくし》平野を追われた天皇家の祖が、有明海に船を漕ぎ出し、南部九州の地にいったん逼塞《ひっそく》したのではないかと疑っている。つまり、王家は零落していたのではないかと疑っているのである。

そこで、天孫降臨の神話を振り返ってみよう。『日本書紀』の神話の第九段本文の説話を読み解こう。

天津彦彦火瓊瓊杵尊
あまつひこひこほのににぎのみこと

これが「天孫降臨」神話のリアル

出雲《いずも》の国譲《くにゆず》りの直後に話は始まる。

タカミムスヒノミコト（高皇産霊尊）は出雲の神々を平定すると、皇孫《すめみま》（皇孫とはスメミマとは、アマテラスオオミカミ〈天照大神〉の末裔の神々や天皇を指し、また、アマツヒコヒコホノニニギノミコト〈天津彦彦火瓊瓊杵尊。ニニギ〉のみをさすこともある）ニニギを真床追衾《まとこおうふすま》（玉座《ぎょくざ》をくるむ衾）に包んで地上に向けておろしたのである。

皇孫は、天磐座《あまのいわくら》（タカミムスヒのいる天上の祭壇）を押し、天《あま》の八重雲《やえくも》を押し分け、堂々とよい道を選び、日向の襲《そ》の高千穂峰《たかちほのたけ》（比定《ひてい》地に二説ある。宮崎県西臼杵《にしうすき》郡高千穂と鹿児島県と宮崎県の県境の霧島《きりしま》）に降臨したのだった。

そしてニニギは、槵日《くしひ》の二上《ふたがみ》（二つの峰《みね》が続く山）の天浮橋《あまのうきはし》から平らな地に立ち、膂宍《そしし》の空国《むなくに》（不毛の地）を丘づたいによい国を求めさまよい、吾田《あた》の長屋《ながや》の笠沙碕《かささのみさき》（薩摩半島西海岸の野間岬）に辿り着いたという。

これが、天孫降臨《てんそんこうりん》神話である。

天上から地上界の山に降臨する話、現実味がないが、まったく無視することもできない。すでに触れたように、**タカミムスヒとアマテラスの孫が地上界の支配者になるという構図からして、すでに八世紀の朝廷の王家の系譜にそっくり**だったからである（59ページ）。

では、『日本書紀』の編纂者は、何を目的に、南部九州への降臨という説話を用意する必要があったのだろう。それははたして、海外からの征服者と考えるべきなのだろうか。

なぜ「南部九州」でなければならなかったのか

ここでひとつ確認しておきたいのは、ヤマト建国の裏事情のことである。ヤマト盆地の東南部、三輪山麓《みわさんろく》の扇状地《せんじょうち》に、かつてない規模の都市が三世紀に忽然と姿を現わした。これが纏向《まきむく》遺跡で、ヤマト建国の瞬間である。

なぜ纏向遺跡が重要なのかというと、宗教と政治に特化された都市であったこと、この遺跡の中で前方後円墳が誕生しているからである。

前方後円墳は、四世紀に九州から東北南部にいたる日本各地に伝播している。同一の埋葬文化を共有することで、ゆるやかな連合体が誕生したのであり、また前方後円墳そのものも、いくつかの地域の埋葬文化を寄せ集めて成立していたことがわかっている。

このことから、ヤマト建国が強い王による征服劇だったとは、考えられなくなってきたのであり、**ヤマトの王は、いくつもの地域の首長たちの談合によって擁立《ようりつ》されていた**と考えられるのである。ヤマト建国の直前に実在した邪馬台国の卑弥呼《ひみこ》も、多くの首長らの手で共立《きょうりつ》されていたと『魏志倭人伝』は語る。この時代の日本列島では、王をみなの手で選んでいた可能性が高い。

さらに、弥生時代の最先端地域だった北部九州が、ヤマト建国にあまり影響力を行使できなかったことがわかってきている。

たとえば、纒向遺跡に流入した北部九州の土器はきわめて少なかった。さらに、三世紀の前半、纒向型前方後円墳が出現し、三世紀後半に箸墓《はしはか》に代表される定型化した前方後円墳が完成するが、初期型の纒向型前方後円墳は、北部九州に伝播している。

また、北部九州には、畿内や山陰地方の土器が流れ込んでいて、この時期の文化の流れは、これまで考えられてきたような「西から東」ではなく、「東から西」に逆転していたのである。

つまり、**邪馬台国が北部九州にあって、東に移動してヤマトを席巻《せっけん》したという邪馬台国東遷論も、怪しくなってきた**のである。

そうなると、一層のこと、なぜ天皇家の祖神が南部九州に舞い下りたという設定が必要だったのか、大きな謎が残される。その謎解きは、またのちに（211ページ）。

猨田彦大神（猨田毘古神）

さるたひこのおおかみ（さるたびこのかみ）

長い鼻・鋭い眼力を持つ「異形の神」

『日本書紀』の神話の第九段一書第一には、天孫降臨《てんそんこうりん》に際し、風変《ふうが》わりな神が登場していたと記されている。

それがサルタヒコノオオカミ（猨田彦大神）である。

アマツヒコヒコホノニニギノミコト（天津彦彦火瓊瓊杵尊。ニニギ）が天上から葦原中国《あしはらのなかつくに》（出雲）に降りようとしていたときのこと、ひとりの神が天八達之衢《あまのやちまた》（ようするに交差点。天上から地上に降りる途中の、四方八方に道が分岐《ぶんき》している場所）にいると報告があった。

その鼻の長さは七咫《ななあた》（約一二〇センチ）、座高は七尺《ななかさ》（約二〇〇センチ）あまり、背の高さは七尋《ななひろ》（一二・六メートル!!）と、化け物のような大きさだ。そして口と尻が光り、目は八咫鏡《やたのかがみ》（大きな鏡）のようで、照り輝くことは赤いホオズキのようだったという。

この神の姿、まるで天狗《てんぐ》のようではないか。

そこで八十万《やそよろず》の神々を次々と遣わしたが、みなその神の眼力に圧倒され、何も尋ねることもできずに戻ってきたのだった。

そこでアメノウズメノミコト（天鈿女命）に勅《みことのり》して、「あなたの目は人に勝っている。だから行って、問いただしてきなさい」と命じた。

するとアメノウズメは、胸を露《あらわ》にし、裳帯《もひも》を臍《へそ》の下（陰部）におしたらし、からから笑いながら、衢神《ちまたのかみ》の前に立つと、衢神は、「あなたがそのような振る舞いをするのはなぜですか」と聞いてきた。

そこでアメノウズメは、「アマテラスオオミカミ（天照大神）の子の通られる道に、このように立ちふさがっている理由こそ、聞かせてほしい」と聞き返した。

すると衢神は、「アマテラスの御子が降りられてくるということをうかがい、こうしてお出迎《でむか》えに参上しているのでございます。私の名はサルタヒコです」。そこでアメノウズメは、「あなたは私を先導するのですか」と問うと、そうだという。

アメノウズメが、「あなたはどこに導こうとされているのか」と尋ねると、「天神《あまつかみ》（ニニギ）は、筑紫《つくし》の日向《ひむか》の高千《たかち》穂《ほ》の槵触峰《くしふるのたけ》に着かれるだろう。私は伊勢の狭長田《さながた》の五十鈴川《いすずがわ》の川上に行きます」と述べた。そしてサルタヒコは、次のように述べた。「私を世に発現《はつげん》させたのはあなただ（私の正体を語るように仕向けた）。だから、あなたは私を送り届けるべきだ」

そこでアメノウズメは、天上にもどって報告した。そこで皇孫《すめみま》は、天降られた。サルタヒコの約束どおり、皇孫は筑紫の日向の高千穂の槵触峰に、サルタヒコは伊勢に向かったのだった。また、アメノウズメは、サルタヒコが望むとおり、伊勢まで送っていったのである。

皇孫はアメノウズメに、次のように勅した。

「あなたが世に発現せしめた神の名を、そのまま姓《せい》にしなさい」

そこで「サルメノキミ（猨女君）」の名が下賜《かし》されたのである。

サルタヒコの〝異形〟は何を意味しているのか？

どうにも不思議な神話である。

まず、サルタヒコの姿格好が、尋常《じんじょう》ではない。なぜ長い鼻を持ち、目はらんらんと輝いていたのだろう。どうやらこの神は「太陽神」だったらしい。

サルタヒコは多くの神社で祀られるが、祭礼の先導役をつとめることが多い。その場合、天狗《てんぐ》のような面をかぶり、矛《ほこ》を持つ例がある。なぜ矛なのかというと、矛が「陽根《ようこん》」の象徴であり、「鼻が長かったサルタヒコ」は、どこから見ても「陽」で、「太陽神」の象徴なのである。

『古事記』に登場するサルタヒコはどうだろう。

やはり、ニニギ（天津日高日子番能邇邇芸命＝天津彦彦火瓊瓊杵尊）が降臨するときのことだ。天《あめ》の八衢《やちまた》（天八達之衢）にいて、上は高天原《たかまのはら》を、下は葦原中国を照らす神がいた。そこでアメノウズメ（アメノウズメノカミ〈天宇受売神〉）が出向いて先ほどの問答がくり広げられる。サルタヒコはここで、国神《くにつかみ》であることを述べ、皇孫を先導するのだった。

高天原と葦原中国を照らしていたのは、この神が太陽神だったからである。

ここで指摘しておきたいのは、『日本書紀』には「太陽神はアマテラス」とあるが、実際には、古代の日本には、星の数ほどの太陽神が存在していた、ということである。

三世紀のヤマト建国とともに前方後円墳が各地で採用されていったが、だからといって、てんでんばらばらだった宗教観をヤマトが統一したわけではない。埋葬様式を前方後円墳にした、というだけの話である。

その一方で、村々には、あまたの神がいて、地域ごとに違う太陽神を思い描いていたに違いないのである。『日本書紀』に登場するアマテラスは、あくまで八世紀の朝廷が観念上練《ね》り上げた太陽神だった。だから、太陽神がアマテラスしかいなかったと考える必要はどこにもないし、**サルタヒコが「もうひとりの太陽神」だったとしても、何の不思議もないのである。**

その証拠に、アマテラスを祀る伊勢神宮には、古くは土着の太陽神が祀られていたと考えられている。しかもそれが、サルタヒコであった可能性が高いとする考えもある。現在でも、伊勢神宮のすぐ近くに、サルタヒコを祀る神社があるが、もともとは伊勢神宮の地に祀られていたらしい。

『古事記』によれば、サルタヒコが阿耶訶《あざか》（伊勢国壱志《いちし》郡。三重県松阪市）にいたとき、漁をして比良夫貝《ひらぶがい》（二枚貝）に手をはさまれ、海に沈み溺《おぼ》れたとあり、これは国神・サルタヒコの服従儀礼とみなされている。

そうなると、伊勢土着の太陽神だったサルタヒコは、ヤマト朝廷の圧力に屈《くっ》した、ということなのだろうか。

それにしても、なぜサルタヒコは、自ら進み出て、皇孫を葦原中国に導いたのだろう。眼力するどいサルタヒコが、なぜ惨《みじ》めな服従儀礼を執り行なったのだろう。

天鈿女命（天宇受売神）
あめのうずめのみこと（あめのうずめのかみ）

「天の岩戸」で大活躍したエロチックな女神

アメノウズメノミコト（天鈿女命）はサルタヒコノオオカミ（猨田彦大神）のもとに遣わされ、その末裔はサルタヒコの「サル」の名を貰い受けたが、その活躍は、天《あま》の岩戸《いわと》神話から始まっている。

八十万《やそよろず》の神々が天の岩戸の前に集ってアマテラスオオミカミ（天照大神）をおびき出そうとしたとき、アメノウズメは大切な役目を負っていた。この場面の主役は、この女神だったのである。

アメノウズメは手に茅纏《ちまき》（邪気をはらうための茅萱《ちがや》）を巻いた矛を持ち、天の岩戸の前に立ち、俳優《わざおき》（歌って舞うこと。神に献《ささ》げる）をしたのである。

この一節、『日本書紀』は状況を事務的に綴《つづ》っているが、『古事記』だと少し様子が違う。

タヂカラオノカミ（手力雄神〈アメノタヂカラオノカミ《天手力男神》〉）が天の岩の戸の脇に立つと、アメノウズメは天香具山《あまのかぐやま》の天《あめ》の日影《ひかげ》（植物の日陰蔓《ひかげのかずら》）を襷《たすき》にかけて、天《あめ》の真折《まさき》（蔓草《つるくさ》）を縵《かづら》（髪飾り）にして、天香具山の小竹《ささ》（笹）を手草《たぐさ》（採物《とりもの》。神楽《かぐら》で舞うときに手で持つもの）に結い、**天の岩戸前に桶を伏せ、踏み鳴らし、神懸《かみが》かりとなって、胸乳《むなち》を露《あらわ》にし、裳《も》の緒《お》をホト（陰部）に押し垂らした**（ようするにヌードショーである）。すると、高天原《たかまのはら》が鳴り轟《とどろ》くほどの、神々の大爆笑が沸き起こった。

するとアマテラスが天の岩戸を少し開き、

「私が籠もって天の世界は暗闇になったはずなのに、なぜアメノウズメは舞い、みな笑っているのだろう」

というのでアメノウズメは、

「あなたよりも貴い神がいらっしゃるからです。だからみな、喜び、笑って遊んで

アメノウズメは、なぜ胸をはだけた？

（神事をすること）いるのです」と申し上げた。

その隙に、アマテラスは外に引きずり出されたというのである。

『古事記』神話の中でも、この一節はじつにおおらかで、大好きな場面だ。

ちなみに、この場面でさかんに「天香具山」が登場するのは、ヤマトの王家にとって、この山が重要な意味を持っていたからである。

大和三山《やまとさんざん》のひとつ、天香具山は、もともと天上にあって、ヤマトに降ってきたと信じられていた。神武東征に際し、ヤマトの難敵に立ち往生した神武は神託を得て、天香具山の埴土《はに》で平瓮《ひらか》（平らな皿）を造り、これで神に捧げ物をし、敵に呪いをかけて勝利を手に入れている。第十代崇神《すじん》天皇の時代にも、天香具山の土が「ヤマトの物実《ものざね》」であったと書かれている。天香具山には、ヤマトの魂がこもっているというのであり、ヤマトを支配するには、天香具山を手に入れ、国見《くにみ》（予祝行事《よしゆくじ》。山や高台に登り、国を見渡すこと。見るという霊的な所作《しよさ》によって、王が支配権を確立することができると考えられていた）をする必要があったのである。

神なのにやたらと服を脱ぐのには深いワケがある

それはともかく、なぜアメノウズメはすぐ服を脱ぐのだろう。たんなる露出狂なのだろうか。

霊山天香具山で用意した呪具《じゆぐ》を身にまとい、アメノウズメは神懸かりしたのだ。この憑依《ひようい》状態の中で、服を脱ぎ出すのは、エクスタシーの極致《きよくち》を表わしている。性器を露出すること自体が、呪術なのであり、魂を新しくするための「魂振《たまふ》り」の神事にほかならない。そして、だからこそアマテラスは復活したのである。

それからもうひとつ、**アメノウズメがヌードショーをやったのは、アマテラスがもともと男性だったからではないか**、とする説がある。

アメノウズメは、アマテラスのスケベ心をくすぐったということになろうか。

このように、アメノウズメは、単純に服を脱ぐだけの女神ではない。その証拠に、アメノウズメの末裔・猨女《さるめ》（猿女）氏は、日本の歌舞音曲《かぶおんぎょく》の始祖であった。歌や舞いは、神事、呪術そのものなのである。

猨女氏は鎮魂祭《たましずめのまつり》で神楽を奉仕する猿女を貢進《こうしん》する一族で、鎮魂祭とは、浮遊《ふゆう》する霊魂《れいこん》をふたたび人の体に戻して、霊の力を更新する神事である。

アマテラスの天の岩戸隠れに際し、アメノウズメが性器を露出し舞い狂ったのは、魂振りの神事で、魂振りと魂鎮めは本来異なる呪術だが、のちの時代に鎮魂祭の中で、混同されるようになったのだという。

サルタヒコが登場したとき、アメノウズメは、ふたたび服を脱いで登場する。ここで注目していただきたいのは、サルタヒコの鼻が異常に長かったことである。これは男根の象徴であり、サルタヒコとアメノウズメは、「大人の男女の仲」ということになる。そしてもちろん、これは単純な「色恋」ではない。霊的な意味が隠されている。

男女の交合《こうごう》は、豊穣の呪術に通じていたからである。

それにしても、なぜこのカップルに「サル」の名がつきまとうのかというと、ちゃんとした理由がある。

「サルは顔が赤い」こと、「サルは日の出前に騒《さわ》ぎ喜ぶ」という習性から、太陽信仰とサルがつながっているからである。やはりサルタヒコもアメノウズメも、太陽信仰と深くつながっていたのである。

木花開耶姫（木花之佐久夜毘売）

このはなさくやひめ（このはなさくやびめ）

火の中で子供を産んだ「安産の神」

アマツヒコヒコホノニニギノミコト（天津彦彦火瓊瓊杵尊。ニニギ）が葦原中国《あしはらのなかつくに》に舞い下りたのち、ひとりの女神に出会う。それが、コノハナサクヤヒメ（木花開耶姫）である。

いきさつは次のようなものだ。

吾田《あた》の長屋《ながや》の笠沙碕《かささのみさき》に辿り着くと、コトカツクニカツナガサ（事勝国勝長狭）と名乗る神がやってきた。皇孫《すめみま》が「国はあるか」と問うと、コトカツクニカツナガサは、「ここにあります。どうか御心のままに、ごゆっくりなさいませ」と答えた。そこで皇孫はここに住まうことにした。

この国には、美女がいた（じつに幸運な男である）。名はカアシツヒメ（鹿葦津姫）といい、またの名をコノハナサクヤヒメ（木の花が咲く姫の意味）という。

皇孫がコノハナサクヤヒメに、「あなたは誰の子ですか」と問うと、コノハナサクヤヒメは、「天神《あまつかみ》がオオヤマツミノカミ（大山祇神）と結ばれ生まれた子です」という。

オオヤマツミとは、山の精霊である。

皇孫は、姫を〝お召し〟になった。すると姫は、一晩で妊娠したが、皇孫はこれを疑った。

「天神といえども、なぜ一晩で懐妊《かいにん》するのであろうか。あなたが孕《はら》んだのは、私の子ではない」

男としてじつに無責任な言動である。けれども、話は淡々と進む。

コノハナサクヤヒメは恨み、無戸室《うつむろ》（人の出入りのできない家）を造り、その中に入って、誓約《うけい》（占い）をする。

「私が孕んだ子が、もし天孫の子でなければ、かならず焼けて滅びるでしょう（出産時に床下に火を焚《た》いて、部屋を暖める風習があった。ただしここでは、火を放ち誓約に用いたことになる）。もし本当に天孫の子であるならば、火もその子を痛めつけることはないでしょう」という。そこで火を放ち、部屋を焼いた。はじめに巻き起こった煙の先から生まれた御子は、ホノスソリノミコト（火闌降命）という。南部九州の隼人《はやと》の始祖である。

次に、火を避けて生まれた御子は、ヒコホホデミノミコト（彦火火出見尊）という。この神の末裔が、天皇家である。次に生まれた御子は、ホノアカリノミコト（火明命）という。尾張連《おわりのむらじ》などの祖である。

久しくしてニニギは亡くなられ、筑紫《つくし》の日向《ひむか》の可愛《え》の山陵《みさざき》（宮崎県延岡《のべおか》市）に葬《ほうむ》られたという。

不老の神々が「寿命」を得た瞬間

さて、自分の孕ませた子を疑うなどという、男として最低な行為をしたニニギだったが、『古事記』の物語は、さらに上をいっている。コノハナサクヤビメ（木花之佐久夜毘売＝コノハナサクヤヒメ）には姉のイワナガヒメ（石長比売）がいて、オオヤマツミノカミ（大山津見神＝大山祇神）はコノハナサクヤビメに姉を添えて嫁がせた。だが、イワナガヒメは醜《みにく》かったため送り返されてしまったという。

じつに残念な話である。**よくありがちな話だが、顔で女を選んでしまったわけだ。**若気《わかげ》のいたりとは、このようなことをいうのだろう。

オオヤマツミがコノハナサクヤビメを娶らせたのは、花の咲くように栄えることを願い、イワナガヒメを添えることで、岩のごとく天孫の寿命がいつまでも続くことを願ったからだという。

岩と花は、永遠と刹那《せつな》の対比でもある。ところが、イワナガヒメを追い返したことによって、皇孫の寿命は短くなったというのである。

これが、「死の起源」を語る神話である。

さらにニニギ（天津日高日子番能邇邇芸命）は、コノハナサクヤビメが身籠もると、その子を「国神の子《くにつかみのこ》」ではないかと疑ったというのである。

さて、コノハナサクヤビメは火の中で御子を産み落としたことから、富士山（火山）の神と考えられるようになり、各地の浅間神社の主祭神となった。けれどもそれは、近世以降の話で、太古から両者が結びつけられていたわけではなさそうだ。

一方、オオヤマツミ（＝ヤマツミ）は、日本を代表する山の神で、海の神＝「ワタツミ」と対をなしている。ただしこの神、瀬戸内海のど真ん中、大三島《おおみしま》の大山祇《おおやまずみ》神社（愛媛県今治市大三島町）で祀られる。

山の神が海で祀られるのも奇妙な話だが、海の民は山を大切にしたことと、かかわりがあるのだろう。山は航海の目印だった。

また、ヤマツミに関して、『伊予国風土記』逸文《いつぶん》には、「大御（三）島の大山積（祇）神は、和多志大神《わたしのおおかみ》といい、仁徳《にんとく》天皇の時代に百済からやってきた」と記されていることから、この神を渡来系とみなす考えがある。神が渡来系ということは、この神を渡来人が祀っていた、ということになろうか。

このあたりの事情は、はっきりとしないが、古代の大三島の一帯を支配していたのは、物部系の越智《おち》氏である。

彦火火出見尊（山幸彦）

ひこほほでみのみこと（やまさちひこ）

「海幸山幸」神話の謎

いよいよ、海幸山幸《うみさちやまさち》神話だ。人口に膾炙《かいしゃ》した説話だが、その内容には、多くの謎が隠されている。

ヒコホホデミノミコト（彦火火出見尊。以下「山幸彦《やまさちひこ》」）はアマツヒコヒコホノニニギノミコト（天津彦彦火瓊瓊杵尊。ニニギ）の子で、兄にホノスソリノミコト（火闌降命。以下「海幸彦《うみさちひこ》」）がいた。兄の海幸彦は、海の幸を、弟の山幸彦は、山の幸を得る霊力を持っていた。

ある日、「試しに互いの幸を交換してみよう」ということになった。ところが、二人とも獲物を得ることができなかった。**兄は弟に弓を返したが、弟の山幸彦は、兄の釣り針をなくしてしまった。**そこで新しい釣り針を作って兄に渡そうとしたが、兄は許さなかった。弟は苦しみ、自分の大切な太刀《たち》を鋳《い》つぶして、釣り針をいっぱい作ってみたが、兄は、もとの釣り針でないとだめだという。

山幸彦が浜辺で途方《とほう》に暮れていると、シオツツノオジ（塩土老翁）なる者が現われ、事情を聞くと、「心配なさいますな。あなたのために取りはからいましょう」と述べ、無目籠《まなしかたま》（水の漏れないほど固く編んだ籠）に山幸彦を乗せ、海に沈めた。するとひとりでに、美しい浜に着いた。しばらく歩くと、ワタツミ（海神）の宮に着いた。

ここで山幸彦は、ワタツミに助けられる。ワタツミは、事情を呑み込み、魚たちを集めてくれた。すると、赤女《あかめ》（鯛）だけがやって来なかった。聞くところによれば、口の病気だという。赤女を呼び出し、口を探ってみると、失った釣り針が見つかった云々《うんぬん》。と、ここでハッピーエンドのはずだが、話は続く。

山幸彦はワタツミの娘・トヨタマヒメ（豊玉姫）を娶り、ワタツミの宮に三年間留まった。楽しかったが、望郷《ぼうきょう》の念が湧きあがってきて、時折ため息をついた。その様子を見たトヨタマヒメは、父親に相談した。するとワタツミは、山幸彦を自室に招き入れ、「天孫がもし、故郷に帰りたいのであれば、私がお送りしましょう」と述べ、さらに、釣り針を渡し、次のように教えた。

「この釣り針を返すときに、釣り針に『貧鉤《まぢち》』といい、その後お渡しなさい」

そして、潮満瓊《しおみちのたま》と潮涸瓊《しおひのたま》を渡し、使い方を教えた。

「潮満瓊を水に浸《ひた》せば潮が満ちます。そうして兄を溺れさせ、兄が謝ったら、潮涸瓊を水につければ、潮は自然に引いていきます。そこで助けてあげなさい」

こうして山幸彦は帰途《きと》につくが、そのとき、トヨタマヒメが、仰天告白《ぎょうてん》をしたのだった。

「私は身籠もっております。風と波の激しい日に、海辺に出ていきます。どうか産屋《うぶや》を造り、お待ちください」

こうして山幸彦は故郷に帰り、ワタツミの教えどおり兄をこらしめた。海幸彦は屈服し、俳優《わざおき》の民《たみ》になることを約束した。

さて、問題は、トヨタマヒメである。はたして約束どおり、トヨタマヒメは妹のタマヨリヒメ（玉依姫）を伴って、風と波を冒《おか》して、海辺にやってきた。トヨタマヒメは、「子を産むときに、中をのぞいてはなりません」と固く戒《いまし》めたが、山幸彦は思わずのぞいてしまう。するとトヨタマヒメは、竜に化けていた。トヨタマヒメはひどく恥じ入り、「もし私を辱《はずかし》めることがなければ、海と陸の道は長く通い合えましたものを。今この仕打ちを受け、どうして睦まじくできましょうか」

こういって、草《かや》で御子を包み、海辺に棄てて、陸と海の道を閉ざして去ってしまったのである。そこで、生まれ落ちた子をヒコナギサタケウガヤフキアエズノミコト（彦波瀲武鸕鷀草葺不合尊。屋根を葺《ふ》く前に生まれてしまった子の意味）と名づけたという。

このち、久しくして、山幸彦は亡くなられた。日向《ひむか》の高屋山上陵《たかやのやまのへのみささぎ》（鹿児島県霧《きり》島《しま》市溝辺《みぞべ》町）に葬られたという。

「浦島太郎」は架空の存在ではない!?

さて、この神話の特徴は、主人公がタブーを犯してしまったということになるが、これは昔話や神話の中のいくつかのパターンのひとつで、「鶴の恩返し」も、この型に当てはまる。ただし、これが謎なのではない。

海幸山幸神話最大の謎は、話の内容が、浦島太郎にそっくりなことである。

浦島太郎は亀に乗って竜宮城《りゅうぐうじょう》に赴くが、亀の甲羅《こうら》は「亀甲紋《きっこうもん》」で、山幸彦が乗った籠も、「カゴメ＝亀甲紋」だ。浦島太郎は竜宮城に三年間留まったが、山幸彦もまったく同じだ。

浦島太郎は故郷に戻り、「けっして開けてはいけません」と固く戒められていた玉手箱（玉匣《たまくしげ》）をそっと開いてしまった。山幸彦も、「見てはいけない」という産屋の中をのぞいている。

浦島太郎は三百年の年月を浪費し、「老人」のイメージがつきまとうが、山幸彦をワタツミの宮に誘ったシオツツノオジは、説明する必要もなく、明らかに老人である。なぜここで、おとぎ話に過ぎない浦島太郎にこだわるのか、不思議に思われるかもしれない。

第一、浦島太郎伝説は、海幸山幸神話をモデルにして作られたかもしれないと思われるだろう。**だが浦島太郎は、架空の存在ではない。『日本書紀』や『風土記』、『万葉集』が、「実在した」と大真面目に記録している**から問題なのである。

誰もが黙っていられなかった浦島太郎の物語。そして、浦島太郎とそっくりな山幸彦。最大の問題は、天皇家の祖が、浦島太郎にそっくりだったことではなかろうか。

さらに、『古事記』によれば、神武東征《じんむとうせい》に際し、亀に乗って釣り竿を持った、浦島太郎によく似た男が、神武一行の水先案内を買って出る場面がある。しかもそのとき、「浦島もどき」は、両手を鳥の羽根《はね》のように、羽ばたかせながらこちらにやってきたという。

ずいぶん酔狂《すいきょう》な男だが、よくよく考えてみれば、この仕草《しぐさ》、格好、出雲《いずも》の国譲《くにゆず》りに際し三穂《みほ》の碕《さき》で釣りをし、「鳥の遊び」をしていたコトシロヌシノカミ（事代主神）にもよく似ている。

いったい、浦島太郎伝説には、どのような秘密が隠されているというのだろう。なぜ天皇家の祖が、浦島太郎に似ているのだろう。

それは、浦島太郎がヤマト建国やヤマトの王家の秘密を握っているからではないか、というのが、筆者の考えなのだ。

なぜこのような推理が飛び出したのか、詳細はのちに（200ページ）。

豊玉姫《とよたまひめ》

伝説の「初代神武天皇」を生んだ女神

トヨタマヒメ（豊玉姫）はヒコナギサタケウガヤフキアエズノミコト（彦波瀲武鸕鷀草葺不合尊。ウガヤフキアエズ）の母である。このことは前節で述べたとおりだ。

ウガヤフキアエズはトヨタマヒメの妹（ウガヤフキアエズからみれば叔母《おば》にあたる）を娶り、子をなす。それがカムヤマトイワレビコ（神日本磐余彦）で、神武《じんむ》天皇であり、**逆算すれば、トヨタマヒメは初代ヤマト王の祖母にあたっていることになる。**

また、神武天皇の母系のことごとくが、「ワタツミ（海神）の娘」であったことも、興味を引く。

ただここで注目しておきたいのは、「豊」と「玉（珠）」と「海」のつながりのことである。

「豊」の名のつく女神が「豊穣の女神」であることは、改めて述べるまでもない。伊勢神宮で祀られるトヨウケノオオカミ（豊受大神）の「受」は食料のことで、この女神はアマテラスオオミカミ（天照大神）に食べ物を提供する神であり、「豊の女神」を代表する者といえる。

そして、「豊の女神」は、「海」や「水」と大いにかかわりを持つ。それは「水」が豊穣をもたらす必須《ひっす》条件だからだろう。

トヨタマヒメはワタツミの娘だから、当然「海」「水」とかかわっている。トヨウケも、やはり水とは強く結ばれている。トヨウケは最初、真奈井《まない》で沐浴していたが、「マナイ」は「マヌナイ」で、「瓊（ヒスイ）の井戸」を意味する。「ヒスイ」は川底や海底からもたらされるから、ワタツミの神宝と考えられたのである。

トヨタマヒメが「豊」と「玉＝珠＝ヒスイ」の名を冠するのは、偶然ではない。トヨタマヒメの父（ワタツミ）が山幸彦《やまさちひこ》に授けた潮の満ち引きを自在に操る魔法の玉、潮涸瓊《しおひのたま》・潮満瓊《しおみつのたま》はヒスイである。

「豊の女神」には、もうひとつの特徴がある。それは、「鳥」と深く結びついているということである。

九州北東部の「豊前《ぶぜん》」「豊後《ぶんご》」の国は、古くはひとつの国で、「豊国《とよのくに》」と称した。その「豊国」の名の由来は、飛来《ひらい》した白鳥が餅《もち》になって、豊かになったという説話とかかわりがある。

ただ、豊国の白鳥は、幸せに暮らせたわけではなさそうだ。『豊後国風土記』逸文には、豊作に慢心《まんしん》したひとりの農夫が、餅を的にして射たら、餅が白鳥になって飛んで行ってしまったという話がある。そして、その農家は、没落してしまったというのである。

「豊国」の餅と白鳥は無視できない。なぜなら、トヨウケも、やはり豊穣の女神であるとともに、「鳥巫女《みこ》」だからである。

トヨウケは天《あま》の羽衣《はごろも》を奪われて天に帰ることができなくなった。羽衣は「純白の羽根」であり、トヨウケは白鳥のイメージだ。その証拠に、丹後半島のつけ根、籠《この》神社（京都府宮津市）の伝承によれば、はじめトヨウケは籠の中で輝いていたという。籠といえば、鳥であり、トヨウケは老翁《おきな》の家に繁栄《はんえい》をもたらしているから、豊穣の女神である。

『竹取物語』の中で、主人公のかぐや姫は、竹の中で光っていたといい、あまりにも小さいので、籠に入れて育てられたという。かぐや姫は老翁の家を豊かにし、しかも、天の羽衣を着せられて月に戻っていく。かぐや姫もやはり、鳥のイメージを持った、豊穣の女神だったのである。

古代の日本人はなぜ「鳥」を大事にしたか？

「水」とかかわりを持つ「豊の女神」が、なぜ「鳥」とつながってくるのだろう。

そもそも「鳥」は、古代人にとって大きな意味を持っていたようだ。弥生時代の土器や銅鐸《どうたく》からは、鳥を装った巫女の図柄がいくつも見つかっている。神社の鳥居も、鳥がいる門で、結界を表わしている。

ヤマトの黎明期を代表する巫女・ヤマトトトヒモモソヒメノミコト（倭迹迹日百襲姫命）の「トトヒ」は、「鳥飛び」の意とされ、「モモソ（百衣《ももそ》）」は多くの衣裳《いしょう》を持つ者の意で、ここにいう「衣裳」は「羽衣」であろう。するとヤマトトトヒモモソヒメは、やはり鳥巫女である。

鳥は穀霊《こくれい》であり、人々に豊穣をもたらすとともに、魂を運ぶ動物と信じられていた。

ヤマトタケルノミコト（日本武尊）が死して白鳥になったのが、そのよい例である。

鳥の中でも白鳥は水鳥であり、「海の女神＝豊」と結びついていったのだろう。だからこそ、「豊」は天の羽衣をまとうのである。

太古の航海には、船に鳥が乗せられていた。遭難《そうなん》し方角を見失ったとき、鳥を放つのだという。鳥は本能的に陸地を目指すから、そのあとを追っていく。海の民にとって鳥は、導きの神でもあり、古代人が鳥を重視したいくつもの要因が見えてくるのである。

古代の「鳥」でもうひとつつけ加えておきたいのは、「鵜《う》」のことだ。鵜といえば、岐阜県岐阜市の鵜飼《うかい》が名高い。鵜飼は鵜に鮎《あゆ》を捕らせる漁だが、鵜匠《うじょう》は神事にかかわりを持つ人々である。その理由は、鵜が水中で「鮎」を捕まえるからと考えられる。

神武《じんむ》天皇がヤマト入りする直前、ヤマトの敵を打ち破ることができるかどうか、鮎の占いを行なっている。

神功皇后《じんぐう》が新羅征討をするに際し、鮎を釣り、吉凶を卜《うらな》ったという故事がある。

なぜ鮎が、いたる場所で占いに用いられていたのだろう。それは、水中で光る鮎が、ヒスイと似ているからではあるまいか。そして、水中から「鮎＝ヒスイ」をもたらす「鵜」が、神宝をもたらす霊鳥ということになる。

やはり、水、ヒスイ、鳥は、奇妙な形でつながっている。

蘇我氏と出雲をつなぐ奇妙な「縁」とは？

神武天皇の子の第二代綏靖《すいぜい》天皇は「カムヌナカワミミノミコト（神渟名川耳尊）」といい、「渟名＝ヌナ＝ヒスイ」の名をもつ。綏靖天皇の子の第三代安寧《あんねい》天皇は、ヌナソコナカツヒメノミコト（渟名底仲媛命）を皇后に立てている。これも「渟名＝ヒスイ」であり、ヌナソコナカツヒメは、コトシロヌシノカミ（事代主神）の縁者である。

「ヒスイ」とつながるのは、神々やヤマト黎明期の人脈だけではない。六～七世紀にも「ヒスイの人脈」は飛び火する。

蘇我氏は全盛期、「ヒスイ」の生産を独占した。しかも、蘇我氏の衰弱とともに、なぜか「ヒスイ」は棄て去られていくのである。「ヒスイ」は越《こし》の特産物だが、この一帯には、蘇我系の国造《くにのみやつこ》が数多く任命されている。越と蘇我も、見えぬ糸でつながっていたようだ。

蘇我氏はヒスイとかかわりを持ったが、蘇我全盛期の王族が、ことごとく「豊」の名を冠していることも、無視できない。用明《ようめい》天皇は「橘《たちばなの》豊日《とよひの》天皇《すめらみこと》」。推古《すいこ》天皇は「豊御《とよみ》食炊屋《けかしきや》姫《ひめ》」で豊浦宮《とゆらのみや》に住まわれた。聖徳太子は、「豊聡《とよと》耳《みみ》」で、蘇我蝦夷《えみし》は「豊浦《とゆらの》大臣《おおみみ》」と、ここに大きな謎が隠されている。

天武天皇の和《わ》風諡《ふうし》号《ごう》は「天渟《あまのぬ》中《な》原瀛《はらおきの》真人《まひと》天皇《すめらみこと》」で、「渟中=ヌナ=ヒスイ」の名を冠する。蘇我氏は壬申《じんしん》の乱で、天武天皇の背中を押しているが、戦勝後、天武は、迷わず都を近江から、蘇我氏の地盤・飛鳥に戻している。その、「蘇我の土地・飛鳥」は、出雲神であふれかえっている。このことは、『出雲国《いずものくにの》造《みやつこの》神賀詞《かむよごと》』に詳しい。

このように、「ヒスイ」や「豊」と出雲と蘇我は、奇妙な縁でつながっていたのである。

大物主神
おおものぬしのかみ

ヤマト王家を震え上がらせた「祟りの神」

出雲《いずも》の国譲《くにゆず》りの話ならとっくにしてあるのに、なぜふたたび出雲神を引きずり出してきたのか、不思議に思われるかもしれない。しかし、すでに触れたように、出雲神は、歴史時代に入っても、『日本書紀』の記事の中に登場してくる（95ページ）。それは、神武《じんむ》天皇の周辺に登場するコトシロヌシノカミ（事代主神）だけではない。

神話の第八段一書第六には、次のような話が載っている。

出雲の国譲りよりも前の話だ。出雲の国造りを終えたオオクニヌシノカミ（大国主神）の前に、神《あや》しい光が忽然と現われた。何者かと尋ねると、

「私はあなたの幸魂《さきみたま》・奇魂《くしみたま》（和魂《にぎみたま》。穏やかな魂で、荒魂《あらみたま》の逆）である」という。オオクニヌシが、どこに住みたいかを尋ねると、ヤマトの三諸山《みもろ》（三輪山《みわ》。奈良県桜井市）だという。これがオオモノヌシノカミ（大物主神）で、大神《おおみわ》神社の祭神である。

さて、問題はここからだ。出雲神話は、ヤマト建国とは切り離されて考えられてきた。『日本書紀』が、二つの話をつなげていなかったこと、山陰地方で、考古学上のめぼしい発見がなく、「出雲はなかった」と考えられていたからである。**けれども、次第《しだい》に、出雲にも侮《あなど》れない勢力が実在したことがはっきりとしてきた。**

弥生時代後期に山陰地方で発展した四隅突出《よすみとっしゅつ》型墳丘墓《がたふんきゅうぼ》は巨大化し、北陸地方に伝播していた。鉄器も流入し、出雲が隆盛《りゅうせい》していたことがわかってきた。

また、三輪山山麓の纒向《まきむく》遺跡では、政治と宗教に特化された巨大人工都市が建設されているのだが、ここには、吉備、山陰、東海、北陸の土器が続々と集まってきていた。ヤマト建国のシンボルである前方後円墳には、四隅突出型墳丘墓に用いられた貼《はり》石《いし》が葺石《ふきいし》となって採用されている。

つまり出雲は、ヤマト建国に一枚嚙んでいたわけである。

じつをいうと、『日本書紀』も、各地からヤマトに人が集まってきたことを、認めている。

すでに触れたように、神武《じんむ》東征《とうせい》以前、まず出雲からオオモノヌシがやってきて、三輪に祀られた（66ページ）。その後、ニギハヤヒノミコト（饒速日命）がいずこからともなくヤマトに舞い下り、ヤマト土着のナガスネヒコ（長髄彦）から、支配権をもぎ取っている。その後、南部九州から神武天皇がやってきて、ヤマトは建国されたという。この図式、まさに纒向や前方後円墳をめぐる考古学の指摘に、ぴったり符合《ふごう》してくるのである。

ヤマトの出雲いじめ？

ひょっとすると、『日本書紀』編纂者はヤマト建国のいきさつを熟知していて、だからこそ真相を神話に封じ込め、歴史をうやむやにしてしまったのではなかったか。

『日本書紀』がヤマト建国の歴史を知っていたと思う理由は、もうひとつある。

崇神《すじん》天皇の時代、各地に四道将軍《しどうしょうぐん》が派遣され、ヤマト朝廷の基盤が出来上がったと

『日本書紀』はいう。問題は、東に向かった二人の将軍の足跡である。『古事記』によれば、二人は太平洋側と日本海側から北上し、東北地方南部の会津若松市付近で落ち合ったという。これが「相津《あいづ》（会津）」の地名の由来なのである。

のちにふたたび触れるように（157ページ）、崇神天皇は実在の初代ヤマト王と考えられている。そこでヤマト建国直後の前方後円墳の広がりを地図から拾ってみると、北限が、まさに会津若松市付近であることに気づかされる。

ヤマト建国の考古学と『日本書紀』の記事は、ぴったりと重なってくるのである。これは偶然ではあるまい。

興味深いことはもうひとつある。

やはりヤマト建国ののち、ヤマトは出雲いじめに走っているが、考古学は、弥生時代後期の出雲（山陰地方）の勃興だけではなく、四世紀の出雲一帯の没落を明らかにしている。すると、出雲の国譲りやヤマト黎明期の出雲いじめは、事実であった可能性が出てくるのである。

そこで興味を覚えるのは、崇神天皇が恐れた神のことである。後述するように、崇神天皇の治政は思うようにいかず、疫病《えきびょう》が流行し、占ってみると、神の意志であることがわかった（156ページ）。**この恐ろしい神、じつはオオモノヌシだったのである。**

神話の中で、出雲神は天皇家の祖神のアマテラスオオミカミ（天照大神）やタカミムスヒノミコト（高皇産霊尊）の敵であり、征服されるべき神々であった。ところがヤマトの黎明期、天皇家が出雲神に屈服していたことになる。これはいったい何を意味していたのだろう。

崇神天皇だけではなく、この後も、ヤマトの王家は「祟る出雲神」に苦しめられ、丁重に祀り続けている。

もし通説のいうように、「出雲神話は観念上の王家の敵として用意された」というのなら、なぜヤマトの王家は、自らが編み出した観念におびえ続けなければならなかったのだろう。

纒向がオオモノヌシのお膝元《ひざもと》・三輪山麓であったことも、こうなってくると無視できなくなってくる。出雲神オオモノヌシとは、いったい何者なのであろう。この後、出雲神が東国で祀られていくのも、謎めく。六世紀にいたっても、恭順した蝦夷《えみし》たちが、三輪山の出雲神に向かって誓約《うけい》したと、『日本書紀』には記されている。これはいったい何を意味しているのだろう。

神武天皇（神日本磐余彦）
じんむてんのう（かむやまといわれびこ）

「呪い」によって敵を圧倒した初代ヤマト王

初代神武《じんむ》天皇といっても、神話の延長、というイメージがある。戦前の皇国史観《こうこくしかん》の英雄だから、どうにも好きになれない、という方も多いだろう。

だが、神武天皇は、単純な征服王ではない。だいたい、神武天皇は、ヤマトを武力で圧倒していない。

これがどういうことなのか、『日本書紀』に記された神武東征の様子から見ていこう。

神武天皇四十五歳のとき、神武はシオツツノオジ（塩土老翁）に、東の方角に美しい土地があることを聞かされた。四方を山に囲まれ、すでに天磐船《あまのいわふね》に乗って飛び降りた者がいるという。神武はこの地が、大業《あまつひつぎ》を広めるのに適した場所と考え、都にしようというのだ。

菟狭《うさ》（大分県宇佐市）から一度、岡水門《おかのみなと》（福岡県遠賀《おんが》郡芦屋《あしや》町）に立ち寄り、そこから東に進み、瀬戸内海を通り、ヤマトを目指した。難波碕《なにわのみさき》（大阪市中央区）に上陸した一行は、河内の草香邑《くさかのむら》（東大阪市日下町）から竜田《たつた》（奈良県北葛城《きたかつらぎ》郡王寺《おうじ》町）に抜けようと考えたが、道が狭く危険なので、生駒《いこま》山を越える作戦をとった。

ところが、ヤマト土着の首長・ナガスネヒコ（長髄彦）は、神武に国を奪おうとする下心があると考え、挙兵《きよへい》し、生駒山を固めていた。両軍は激突し、神武天皇の兄が負傷、神武は撤退し、やむなく紀伊半島を迂回《うかい》し、熊野からのヤマト入りを敢行する。

途中、いくつもの苦難に遭遇し、三人の兄を失った神武だったが、ようやく奈良盆地の手前の菟田《うだ》（奈良県宇陀《うだ》市）に辿り着いた。けれども要害《ようがい》の地を敵に奪われ、これを突破するのは無理と思われた。

するとこの晩、夢に天神《あまつかみ》が現われ、次のように告げた。

「天香山《あまのかぐやま》（天香具山）の社の中の土を取って、天平瓮《あまのひらか》（平らな土器）八十枚を造り、また厳瓮《いつへ》（甕《かめ》）を造り、天神地祇《てんじんちぎ》を敬い祀れ。さらに厳呪詛《いつのかしり》を行なえ（呪いをかけろ）。そうすれば、敵はおのずから平伏《へいふく》するであろう」

神武は使いを遣わし、天香山の土を取りに行かせ、神託どおりに天神地祇を祀り、呪って敵を蹴《け》散《ち》らしたのだった。

この後、ナガスネヒコは死に〈あるいはニギハヤヒノミコト〈饒速日命〉に殺され）、神武天皇はヤマトの王となるのである。

こうしてみてくれば、**神武東征が「圧倒的な軍事力による侵略」でなかったことがわかる。神武は「呪い」によって敵を打ち破っている**からである。

ここで指摘しておきたいことは、「神武」という諡号《しごう》のことだ。

「神」の名がつくことから、「神のような活躍をした天皇」というイメージが思い浮かぶ。だが、これは現代人の感覚であって、太古の人間にとっての神はむしろ、「崇る恐ろしい存在」だったのである。神武が恐ろしい人だったから、呪いが効いたのであって、それは「強い王」だったからではない。

このことは、第十代崇神《すじん》天皇にも当てはまる。崇神天皇の諡号は、「神を崇《あが》めた」ということになろうか。実際この天皇の時代、疫病が蔓延《まんえん》し、人口は半減していたといい、その原因を探っていくと、神の仕業とわかった。これは恐ろしい神（ようするに鬼である）の祟りにほかならない。そこで神を必死に祀ったところ、世は平静《へいせい》を取り戻したというのである。

『日本書紀』は「都合の悪い歴史」を改ざんしようとした？

すでに触れたように、崇神天皇は神武天皇と同一人物とされている（83ページ）。なぜこのように考えられているかというと、理由はいくつかある。両者ともに「ハツクニシラス天皇《すめらみこと》（はじめてこの国を治めた天皇）」と呼ばれ、神武天皇の記事は途中がすっぽりと抜け落ち、その穴を埋めるように、崇神天皇の記事が書かれているからだ。

ではなぜ、ひとりの業績が二つに分かれてしまったのかというと、天皇家の歴史を古く見せかけるためだという。

ただし、このような通説には、不満がある。天皇の歴史を長く見せるためだけに、ひとりの人物の業績を二つに分けたという発想は、あまりにも貧弱である。もっと、切羽詰《せっぱ》まった理由が、『日本書紀』の編纂者にはあったのではあるまいか。つまり、八世紀の朝廷は、ヤマト建国の歴史を熟知していて、だからこそ、都合の悪い歴史を改竄《かいざん》するために、いくつものカラクリを用意していたのではないかと思えてならないのである。

神武東征の直前、各地からヤマトに神や人が集まっていたという記事は、オオモノヌシノカミ（大物主神）の項で述べたように（151ページ）、纏向《まきむく》遺跡の成り立ちを具体的に語っていたことになる。さらに、崇神天皇の時代に箸墓《はしはか》が造られたといい、まさに箸墓はヤマト建国の象徴なのだから、崇神天皇がヤマトの黎明期の王であったことは、『日本書紀』も理解していたのである。

その一方で、『日本書紀』は、ヤマト建国に貢献した「吉備」や「東海」の姿を消し去っているのだから、これには、「特別な事情」が隠されていたと考えられる。『日本書紀』は、歴史湮滅《いんめつ》を企んでいたに違いないのである。

そうなると、なぜ『日本書紀』はヤマト建国の真相をうやむやにしてしまったのか、という謎が浮上してくる。答えは意外に簡単なように思う。八世紀の政権は、七世紀に全盛期を迎えていた蘇我氏を滅ぼして権力を手に入れている。

神武東征は「呪いの力」で成し遂げられた？

じつは、三世紀のヤマト建国に蘇我氏の祖が大活躍していたのではないかと、筆者はにらんでいる。だから、蘇我氏の功績を抹殺《まっさつ》する必要から、初代王の話を分解し、真相を闇に葬ったということになる。

「三世紀の勢力が六世紀、七世紀まで存続し活躍していたはずがない。まして、三世紀の歴史が八世紀に残っていたはずもない」というのが、常識的な考えだろう。だが、本当にそうだろうか。われわれは何か錯覚《さっかく》し、大きな思い違いをしているのではあるまいか。

天下分け目の関ヶ原の合戦（一六〇〇）から三百年弱、明治維新は、徳川家康に敗れた長州と薩摩の手で成し遂げられた。彼らにとって、関ヶ原の合戦は、「つい昨日のこと」のような話だったのである。

この例をもってしても、歴史は思いのほか長く語り継がれることがわかる。とくに、人の恨みつらみは、なかなか消えないのである。

したがって、『日本書紀』がヤマト建国の歴史を熟知していて、だからこそ政敵の活躍を抹殺していたとしても、何の不思議もないわけである。

それはともかく、ヤマトの初代王に「神」の名が与えられたのは、呪いをかけ、呪われる天皇だったからだろう。なぜ神武が呪うことができ、崇神天皇は崇る神（鬼）をなだめすかすことができたのかといえば、ヤマトの初代王が「鬼のような霊力を持っていたから」であろう。

つまり、大切なことは、ヤマトの王が力ずくで王権を奪い取ったのではなかったということなのである。ヤマトの王は、「祟る神（鬼）のような力を持っていたから選ばれた」のであり、祭祀を司るための王だったということなのである。

このヤマトの王の本質が、「天皇に逆らえば、恐ろしい目にあう」という幻想を生み出していったと考えられるのである。

饒速日命（天照国照彦火明櫛玉饒速日尊）
にぎはやひのみこと（あまてるくにてるひこほあかりくしたまにぎはやひのみこと）

天皇家以前のヤマトの王？

ニギハヤヒノミコト（饒速日命）は、物部氏の始祖として知られる。

だが、その正体が杳《よう》としてつかめない。

『日本書紀』によれば、神武《じんむ》東征《とうせい》以前、すでにニギハヤヒは、天磐船《あまのいわふね》に乗って、ヤマトに舞い下り、土着の首長・ナガスネヒコ（長髄彦）の妹を娶って、君臨していたという。いわば、天皇家以前のヤマトの王が、ニギハヤヒである。

ニギハヤヒは神武東征に際し、神武と敵対していたわけではない。それどころか、義兄《ぎけい》のナガスネヒコを裏切り、神武を歓迎している。そこで、神武のヤマト入りの場面に話は戻る。

呪いによってヤマトの敵を倒した神武だったが、最後にナガスネヒコが残った。ナガスネヒコは、神武に使いを出し、次のように語った。

「昔天神《あまつかみ》の御子がいらっしゃいました。天磐船に乗って天より降りてまいりました。名づけてクシタマニギハヤヒノミコト（櫛玉饒速日命）と申します。私はニギハヤヒを君として仕えてきたのです。いったい天神は二人いるのでしょうか。あなたは天神を名乗り、人の土地をだまし取ろうとしているのではありませんか」

そこでナガスネヒコは、ニギハヤヒが天神であることの証となる品を披露《ひろう》したのだった。すると神武も、天神であることの証を見せたのである。

ナガスネヒコはかしこまったが、改心はしなかった。

一方、ニギハヤヒは、ナガスネヒコの性格がねじれ、人のいうことを聞かないこともわかっていた。そのためナガスネヒコを殺し、帰順《きじゅん》したのだった。神武はニギハヤヒを寵愛《ちょうあい》したという。これが、神武東征の最後の場面である。

奇妙な話ではないか。

『日本書紀』は、ニギハヤヒが天神といいながら、ニギハヤヒの正確な系譜を開示していない。天皇家の正統性と正当性を証明するための『日本書紀』の説話の中で、「ヤマトの最初の王は、天皇家ではなくニギハヤヒだった」と告白しているのも、不可解きわまりない。

ニギハヤヒはいったいどこからやってきたのだろう。そして、なぜ『日本書紀』は、その正体を抹殺してしまったのだろう。古代最大の豪族・物部氏のその正体が、なぜわからないのだろう。

神社伝承を駆使《くし》して古代史の謎解きに挑んだ原田常治《はらだつねじ》氏はニギハヤヒ＝出雲出身説を唱え、一時もてはやされた。各地に祀られるオオモノヌシノカミ（大物主神）の名に、ニギハヤヒと似たものが存在するためである（ただし、まったく同一の名というわけではない）。

だが、これを支持することはできない。ニギハヤヒの末裔の物部氏は、ヤマト朝廷の出雲いじめの尖兵になっているからだ。

ニギハヤヒが出雲出身なら、なぜ彼らが出雲潰しに積極的だったのか、その理由がわからなくなる。

神話から消された「最大の貢献者」

ここで、注目してみたいのは、神話と現実の「ズレ」である。

『日本書紀』の編纂者はヤマト建国の様相を熟知していたのではないかと疑ったが、どうにも引っかかるのは、神話の舞台が出雲と南部九州にしぼられていることである。考古学の進展によって、ヤマト建国にはいくつもの地域が活躍していたことがわかってきた。それにもかかわらず、なぜか神話は、多くの地域を無視している。

その中でも問題を残すのは、「吉備」の存在なのである。吉備から纏向《まきむく》にもたらされた土器は、生活のためのものではなく、祭祀に用いられる代物だった。また、前方後円墳の原型は、吉備で生まれていたこともわかってきて、ヤマト建国にもっとも貢献したのは吉備であった可能性が高まってきたのである。

そうなると、『日本書紀』の神話は、あえて吉備を抹殺していたことになる。

では、**「実在した吉備」の末裔は、誰だったのか……。これこそが、ニギハヤヒや物部氏だったのではあるまいか。**

物部系の文書『先代旧事本紀《せんだいくじほんぎ》』は、物部氏がヤマトの祭祀を整えたと述べ、事実天皇家は物部氏の祭祀を踏襲《とうしゅう》している。平安時代以来、天皇家のための神道と称された伯家《はっけ》神道は祝詞《のりと》の中で、「一二三《ひとふたみ》四《よ》五六《いつむ》七八《ななや》九十《ここのとたり》布瑠部《ふるべ》由良由良止《ゆらゆらと》布瑠部《ふるべ》」と称えるが、本来これは、物部氏が編み出した呪文《じゅもん》だ。大嘗祭《だいじょうさい》にも物部氏は参画《さんかく》している。これは、他の豪族にはありえないことなのである。

それはなぜかといえば、物部氏が吉備出身で、ヤマト建国の礎《いしずえ》を築いたからではなかったか。物部氏は河内に勢力圏を広げ、六世紀にいたり物部守屋《もののべのもりや》は滅亡するが、河内の八尾《やお》市からは、ヤマト黎明期の吉備系の土器が大量に出土している。物部氏と吉備は、たしかな接点を持っていたのである。

なぜ吉備勢力が河内を押さえたかというと、瀬戸内海の流通を支配していたからだろう。そのためには、山を越えたヤマトは不便だ。

つまり、古代最大の豪族・物部氏は、瀬戸内海の流通を支配することによって、ヤマトを動かしていたのだろう。そうなると、なぜニギハヤヒはヤマトに君臨したのち、神武に王権を禅譲したのだろう。この謎は、三輪山に祀られる謎の神、ヒムカノミコ（日向御子）の段で語ろう（185ページ）。

高倉下
たかくらじ

「神武東征」に現われる神話上の人物

タカクラジ（高倉下）といっても、一般にはあまり知られていない。古代史に興味のある方なら、「ふむふむ」とうなずかれるだろうが……。

この人物は、神武東征の場面で現われる。神ではなく人である。けれども、説話は神話じみている。

さて、神武一行が熊野からヤマトを目指したときのこと、熊野の荒坂津《あらさかのつ》（三重県度会郡大紀町《わたらいぐんたいきちょう》）に辿り着いた一行だが、神の毒気に当たり、みな体が萎《な》えてしまった。そこに現われたのが、タカクラジである。

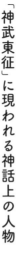

タカクラジの夢枕《ゆめまくら》にアマテラスオオミカミ（天照大神）とタケミカヅチノカミ（武甕雷神）が立ち、アマテラスは下界の様子を心配する。そこでタケミカヅチの所持する霊剣・韴霊《ふつのみたま》をタカクラジに下賜《かし》しようというのである。

タケミカヅチはタカクラジに、「私の剣は名を韴霊という。いままさに、おまえの蔵《くら》に置いておく。それを取って、天孫に献上しなさい」と命じたのである。

夢から覚めたタカクラジは、夢の教えのままに蔵を開いてみると、剣が床に突き刺さっていた。タカクラジはこの剣を携えて、神武のもとを訪ねると、みな憔悴《しょうすい》し、眠りこけていた。剣を渡すと、みな精気《せいき》を取り戻したという。

このタカクラジ、何者なのだろう。『日本書紀』を読む限り、その正体が定かではない。

ちなみに、韴霊は物部氏の祀る石上神宮《いそのかみ》に祀られるが、『先代旧事本紀《せんだいくじほんぎ》』は、ニギハヤヒノミコト（饒速日命）の子のアマノカゴヤマノミコト（天香語山命）とタカクラジは同一人物だといい、アマノカゴヤマの末裔が尾張氏だったと記している。

タカクラジが尾張系であったかどうか、賛否両論がある。だいたい、尾張氏そのものも、謎に満ちている。

すでに触れたように、物部系の『先代旧事本紀』は、尾張氏の祖のアマノカゴヤマを「物部の縁者」というが、『日本書紀』は天皇家とつながっていた、とする。アマツヒコヒコホノニニギノミコト（天津彦彦火瓊瓊杵尊）の子のひとりがホノアカリノミコト（火明命）で、尾張氏の祖であったと記されている。

尾張氏は古代の東海地方を支配していた一族で、六世紀初頭に越《こし》（北陸地方）からヤマトに乗り込んだ継体《けいたい》天皇に妃《きさき》を入れていた。これが目子媛《めのこひめ》で、生まれ落ちた二人の御子が即位している（安閑《あんかん》、宣化《せんか》天皇）。つまり、この時点で、尾張氏は天皇の外戚《がいせき》になっていたわけである。

もっとも、安閑と宣化の代で「尾張系の王家」は途絶えたから、尾張氏が中央で華《はな》華《ばな》しく活躍することはなかったのだが……。

三種の神器「草薙剣」を祀り続けた一族の正体

それはともかく、尾張氏が謎めくのは、この一族や東海地方の活躍を『日本書紀』がことごとく抹殺しているからである。

三世紀の纒向《まきむく》に集まった土器の大半は東海地方からもたらされている。だが、ヤマト建国と東海地方の関係を、『日本書紀』は無視している。

それだけではない。壬申《じんしん》の乱（六七二）において、吉野から東国に逃れた大海人皇子《おおあまのみこ》（のちの天武天皇）を尾張氏が真っ先に応援し、後押しをしたのに、この事実を『日本書紀』が抹消してしまっている。

尾張氏が取るに足らない氏族なら、問題はなかった。しかし、彼らの枝族《しぞく》は、大和《やまと》、京師《けいし》、山城《やましろ》、河内、近江、播磨《はりま》、紀伊、備前《びぜん》、周防《すおう》、美濃、飛彈《ひだ》などに広がり、流通の要衝《ようしょう》を押さえていた。尾張氏や東海地方は、歴史の節目節目に、キャスティングボートを握って活躍するが、その正体がはっきりとしないのである。

興味深いのは、八世紀の朝廷の態度である。

『日本書紀』が編纂されて以降、都で不穏《ふおん》な事態が起きると、謀反人《むほんにん》が東国に逃れないように、三関《さんげん》を固守《こしゅ》した。三関とは、不破《ふわ》（関ヶ原）、鈴鹿《すずか》、愛発《あらち》（滋賀県と福井県の県境付近）の三つの関で、西側に向けて同様の処置はとられていないから、朝廷が東国を特別視し、警戒していたことがわかる。

その東国の入口を支配していたのが尾張氏であり、彼らが天皇家の三種の神器のひとつである草薙剣《くさなぎのつるぎ》を祀り続けてきたことにも、大きな謎が残される。草薙剣はヤマトタケルノミコト（日本武尊）が尾張にもたらしたものだが、ヤマトタケルそのものも謎めくのだから、興味が尽きない。

ちなみに、「尾張」の名は、スサノオノミコト（素戔嗚尊）の八岐大蛇《やまたのおろち》退治に際し、草薙剣が尾の中から出てきた（尾を割った）故事にちなむとするいい伝えもある。草薙剣は出雲からもたらされた神宝ということになるが、尾張と出雲の奇妙なつながりも、無視できないものがある。

丹後半島のつけ根、京都府宮津市には、尾張氏同族の海部《あまべ》氏が祀る籠《この》神社が鎮座する。国宝の系図が有名だが、祭神や伝承も、興味深い。というのも、籠神社ではトヨウケノオオカミ（豊受大神）が祀られ、一帯には、トヨウケや浦島太郎にまつわる伝承も数多く残されているからである。

尾張氏は、古代史の謎解きの鍵を握る一族なのである。

もし仮に、**タカクラジが尾張系の神で、『日本書紀』がそのことを伏せてしまったのなら、一層のこと、尾張氏の正体を知りたくなるのである。**

塩土老翁（塩椎神）
しおつつのおじ（しおつちのかみ）

神話の重要な場面でなぜか登場する「怪しい神」

シオツツノオジ（塩土老翁）は、怪しい。

そもそも、最初から最後まで、老人であることを義務づけられているのは不可解ではないか。シオツツノオジの幼少時代など、想像すらつかないではないか。

「シオツツノオジって、だれ？」

と、首をかしげている場合ではない。この神は、古代史の謎解きには、欠かせない人物なのである。

「そんな話、聞いたことがない」

とおっしゃるかもしれない。それは当然のことで、これまで史学界は「神話は絵空事」と、鼻で笑っていたから、シオツツノオジの大切さが、見逃されてきたのが本当のところだ。けれども、シオツツノオジの申し子が一寸法師だったと聞けば、「それは大変なことだ」と、わかってもらえるに違いない。いや、そうであるべきだ。

シオツツノオジは神話だけではなく、ヤマト建国にいたる説話の節目節目に、必ず登場してくるから、目が離せない。歴史時代になっても、この人物は、性懲《しょうこ》りもなく出現してくる。これがじつに怪しい。いままで無名であったことのほうが、不思議なくらいなのだ。だからこれからは、シオツツノオジに、注目してほしい。

シオツツノオジは、住吉大神《すみよしのおおかみ》の別名とされている。

住吉大神は、ソコツツノオノミコト（底筒男命）・ナカツツノオノミコト（中筒男命）・ウワツツノオノミコト（表筒男命）の三柱の神からなる。本来一体であるはずの神が三つに分けられてしまっているのだが、これは海の神に共通する現象である。

住吉大神は、イザナギノミコト（伊弉諾尊）が黄泉国《よみのくに》のイザナミノミコト（伊弉冉尊）から逃れ、筑紫《つくし》の日向《ひむか》の小戸《おど》の橘《たちばな》の檍原《あはきはら》（宮崎県か）で禊《みそぎ》をしたときに生まれ落ちた神だ。このとき、同時に生まれたのが、安曇《あずみ》氏の祀るソコツワタツミノミコト

“怪しい神”シオツツノオジの役目とは

（底津少童命）・ナカツワタツミノミコト（中津少童命）・ウワツワタツミノミコト（表津少童命）であった。住吉大神が老翁《おきな》であったのに対し、安曇氏の神々が子供（童子《どうじ》）であったことに、『日本書紀』の何かしらの意図が隠されているのではあるまいか。

古来、老人と幼子《おさなご》は、神聖な存在と考えられていた。それは、生と死の境界にもっとも近く、「あちら側」に接しているからだ。太陽信仰も同様で、日の出が重視されたのは、その輝きの美しさもあるが、夜と昼の境界線上に、朝日が位置しているからである。

また、童子は驚異的な成長を見せ、生命

力にあふれている。だから、荒々しく恐ろしい存在とも考えられた。一方の老翁は、長寿という奇跡を演じた者で、柔和《にゅうわ》で穏やかな存在である。

ちなみに、昔話の中で鬼退治に童子がかり出され、大人が束《たば》になってもかなわない強敵に対抗できるのは、鬼のような童子だったからだ。神には二面性があって、鬼と神の貌《かお》を持つことは、すでに触れたが、この原則に則《のっと》れば、童子は荒々しい鬼で、老翁は穏やかな神ということになる。

住吉大社の伝承は何を物語っているのか？

さて、シオツツノオジ（住吉大神）を祀る神社で名高いのは、住吉大社（大阪市住吉区）で、古代の水運の要衝に楔《くさび》を打ちこむような場所にある。シオツツノオジを祀り続けてきたのは尾張氏同族の津守《つもり》氏である。

シオツツノオジの活躍は、幅広い。もっとも有名なのは、海幸山幸《うみさちやまさち》神話で、山幸彦《やまさちひこ》をワタツミ（海神）の宮に誘っている。さらに、神武《じんむ》東征《とうせい》を促したのも、シオツツノオジである。

意外な場所にも、シオツツノオジは登場する。『日本書紀』第九段一書第四には、天孫降臨《てんそんこうりん》を果たしたアマツヒコヒコホノニニギノミコト（天津彦彦火瓊瓊杵尊）が、野間岬でコトカツクニカツナガサ（事勝国勝長狭）に国を貰い受けるが、このコトカツクニカツナガサの別名はシオツツノオジだったとある。

このように、シオツツノオジは天皇家の祖神たちに寄り添い、守り、嚮導《きょうどう》する（導く）という性格を持つ。

歴史時代に入っても、シオツツノオジは登場する。第十四代仲哀《ちゅうあい》天皇は、九州の熊襲《くまそ》が背いたという報を受け、征討に出向く。橿日宮《かしひのみや》（福岡市東区香椎《かしい》）で神託を受けるが、仲哀天皇はこれを無視したため、亡くなられる。神功皇后《じんぐう》が、神託を下した神の名を問うと、その中に、ウワツツノオ・ナカツツノオ・ソコツツノオが登場している。もちろん、住吉三神《さんしん》で、シオツツノオジである。

住吉大社の伝承によれば、仲哀天皇が亡くなられた晩、住吉大神（シオツツノオジ）と神功皇后は、夫婦の秘め事をしたという。

もちろん通説は、このような神社伝承を無視するが、火のないところに煙は立たない。

住吉大社に住吉大神と並んで神功皇后が祀られていることは無視できない。神功皇后や子の応神《おうじん》天皇が祀られる宇佐《うさ》神宮（大分県宇佐市）では、仲哀天皇が無視されているのも妙にひっかかる。

さらに、『日本書紀』は、仲哀天皇と神功皇后の間の子の応神天皇が、仲哀天皇の亡くなられた十月十日後に生まれたと強調している。出産の日取りまで言及された人物は、稀《まれ》であり、このこだわりは、かえってあらぬ疑いを招く。

さらに『古事記』によれば、仲哀天皇が亡くなられたとき、かたわらには、武内宿《たけのうちのす》禰《くね》が控えていたという。武内宿禰は三百歳の長寿を保ち、老人のイメージがつきまとうのだから、武内宿禰とシオツツノオジは、重なって見える。**ひょっとして応神天皇は、武内宿禰（シオツツノオジ）の子供だったのではあるまいか。**

『古事記』によれば、武内宿禰は蘇我氏の祖にあたるといい、『日本書紀』を編纂した八世紀の朝廷は、蘇我氏を倒して権力を得ているのだから、王家と蘇我氏の秘密を、隠匿《いんとく》してしまった可能性も出てくるのである。

浦島太郎
うらしまたろう

古代を代表する文書に揃って登場する人物

「♪むかし、むかし、浦島は～。助けた亀に連れられて～♪」

誰もが知る浦島太郎。**子供のためのおとぎ話と思いきや、実在の人物だったと、『日本書紀』にはっきりと記されている。**

雄略《ゆうりやく》天皇二十二年七月の条には、浦島太郎をめぐる次のような簡潔な説明が記されている。

丹波国の余社郡《よさのこおり》の筒川《つつかわ》（京都府与謝《よさ》郡伊根《いね》町筒川）の人、瑞江《みずのえ》（水江《みずのえ》）の浦島子《うらしまのこ》（浦島太郎）が、船に乗り釣りをしていたといい、大亀を得て、その大亀が女人に変じ、妻になったこと、導かれるままに蓬萊山《ほうらいさん》(東方の海中の仙境《せんきょう》)に行き、仙衆《ひじり》(仙人)たちとめぐり会ったとある。また、詳しいことは別巻(現存せず)に記してある、という。ちなみに雄略天皇とは、五世紀後半の人物である。

それにしても、なぜ浦島太郎は特別扱いされ、別巻が用意されたというのだろう。浦島太郎の説話がもっとも詳しくしたためられているのは、『丹後国風土記』逸文で、浦島太郎は筒川の嶋子《しまこ》、水江の浦嶋子《うらしまのこ》の名で登場する。この説話は、今日われわれが知る浦島太郎説話の原型ともいうべき内容となっている。

ここでも浦島太郎は、亀(亀比売《かめひめ》)とともに、蓬萊山に向かったとある。三年間蓬萊山に留まり、故郷に戻ったが、それは三百年後だったという。地上に戻るとき、亀比売から、「もし私を忘れずにふたたび戻ってきたいのでしたら、ゆめゆめこの玉匣《たまくしげ》(玉手箱)を開けてはなりません」と、念を押されていたにもかかわらず、浦島太郎は玉匣をあけてしまい、魂を抜かれたように老人になってしまったとある。

これが、『風土記』に描かれた浦島太郎伝説である。

あまり知られていないが、『万葉集』巻九―一七四〇にも、浦島太郎(浦島の子)伝説が書きとめられている。内容は『丹後国風土記』逸文とほぼ同一だが、ひとつ大

浦島太郎は「ヤマト王家の秘密」を握っている!?

切なことは、浦島太郎を、「墨吉の人《すみのえ》」としている点である。墨吉は「住吉」で、ようするに住吉大社の鎮座地を指している。

浦島太郎は三百年後に戻ってきた老人であり、住吉大神《すみよしのおおかみ》の別名はシオツツノオジ（塩土老翁）であった。

さらに、シオツツノオジは、武内宿禰《たけのうちのすくね》と同一ではないかと疑っておいたが（176ページ）、武内宿禰も浦島太郎と同じ三百歳で老人のイメージである。この似通い、偶然だろうか。

シオツツノオジは山幸彦《やまさちひこ》や神武《じんむ》を導いたが、武内宿禰は応神《おうじん》天皇をヤマトに導いている。神武天皇と応神天皇の「東征ルート」はそっくりだ。

従って、シオツツノオジと武内宿禰の二人は属性も、行動も重なってくる。

また、すでに触れたように、山幸彦をシオツツノオジが助けたという海幸山幸神話のあらすじは、浦島太郎とそっくりだった（139ページ）。

仲哀《ちゅうあい》天皇が亡くなられた晩、神功《じんぐう》皇后と住吉大神（シオツツノオジ）は結ばれたというが、そこに居合わせた人間は、武内宿禰だった。この場合、二人はそっくりだったのではなく、同一だった疑いがある。

『古事記』にも、神武東征の場面で、浦島太郎もどきが登場する。

『日本書紀』『古事記』『風土記』『万葉集』といった、古代を代表する文書が揃《そろ》って浦島太郎に饒舌《じょうぜつ》だったこと自体、深い謎に満ちているのである。

日向御子
ひむかのみこ

聞き慣れない神がなぜ聖地の山頂に？

ヒムカノミコ（日向御子）も、無名の神である。けれども、この神がヤマト建国の秘密を握っていたと思われる節がある。

ヒムカノミコは『日本書紀』や『古事記』にはまったく登場しない。では、どこにこの神が祀られているかというと、三輪山《みわ》（奈良県桜井市）の山頂の高宮《こうのみや》神社である。

少し歴史に詳しい方なら、三輪山の神は出雲のオオモノヌシノカミ（大物主神）であることをご存知だろう。すでに触れたように、オオモノヌシは神武《じんむ》東征《とうせい》以前、すでに出雲からここに移り、祀られていたという（66ページ）。

三輪山のオオモノヌシをめぐっては、次のような説話が残されている。崇神《すじん》天皇十年というから、ヤマトの黎明期の話だ。ヤマトを代表する巫女・ヤマトトトヒモモソヒメノミコト（倭迹迹日百襲姫命）が、オオモノヌシの妻になり、悲劇的な最期《さいご》を遂げる、という説話である。

結婚したのちオオモノヌシは、昼間に姿を現わさなかった。不審《ふしん》に思ったヤマトトトヒモモソヒメは、「うるわしいお姿を拝見したい」と申し出る。するとオオモノヌシは、「翌日櫛笥《くしげ》に入っているけれども、見ても驚かないように」と告げた。

はたしてヤマトトトヒモモソヒメが櫛笥を開けてみるときれいな小蛇《おろち》がいた。ヤマトトトヒモモソヒメはつい驚いて声をあげてしまった。するとオオモノヌシは怒り、人の姿になって御諸山《みもろ》（三輪山）に帰ってしまった。ヤマトトトヒモモソヒメはショックで尻餅《しりもち》をつき、拍子《ひょうし》に箸でホト（陰部）を突き、亡くなられた。ヤマトトトヒモモソヒメは大市《おおいち》（桜井市北部）に葬られた。この墓を名づけて、「箸墓《はしはか》」という。纒《まき》向《むく》遺跡を代表する前方後円墳・箸中山《はしなかやま》古墳（通称が「箸墓」）である。

さて、この説話をみても、三輪山がオオモノヌシの祀られる聖地であることは間違いない。オオモノヌシは小蛇だったが、三輪山を御神体《ごしんたい》として祀る大神《おおみわ》神社には、今でも蛇の好物である卵が供《そな》えられる。ところが、山頂の高宮神社では、なぜかヒムカノミコという聞き慣れない神を祀っているのである。

すでに江戸時代から、ヒムカノミコは謎とされてきた。本居宣長《もとおりのりなが》は、「日向」を「東＝ヒ（日）＋ムカ（向）＋シ」と解し、ヒムカノミコは、東を向いて太陽を遥拝《ようはい》する信仰からきていると考えた。

通説も、同様な考えを持っているようだ。実際、三輪山の周辺には、三輪山から昇る朝日を観測するかのような場所に神社が存在し、三輪山がヤマトの太陽信仰のメッカではないかと考えられるようになっている。

一方、次のような考えもある。

『日本書紀』によれば、オオモノヌシの子にオオタタネコ（大田田根子）なる人物がいたという。オオモノヌシが崇神天皇を苦しめたとき、「オオタタネコを連れてきてオオモノヌシを祀らせれば……」という神託が下された。つまり、オオタタネコは父・オオモノヌシをヤマトで祀った人物ということになる。**このオオタタネコこそ、**

ヒムカノミコだったのではないかというのである。

詳述は避けるが、「大田田」や「太田《おおた》」という名は、日神《ひのかみ》祭祀にかかわりを持つことから、オオタタネコは、「日に向かう者」をさしているというのである（大和岩雄《おおわいわお》『日本の神々4』谷川健一編／白水社）。

なるほど、もっともな考えだと思う。だが、どうにも解せない。オオタタネコはオオモノヌシを祀るためにヤマトに連れて来られたのであって、オオタタネコは「祀られる者」ではない。祀られるオオモノヌシではなく、祀る者が、なぜ三輪山の山頂に祀られているのだろう。

一方、オオタタネコとヒムカノミコには、奇妙な謎が隠されているのも事実なのである。というのも、オオタタネコを祀る神社が大神神社の脇にあって、その名も「若宮社《わかみやしや》（大直禰子《おおたたねこ》神社）」というからだ。「若」とはようするに子供であり、童子ということになる。これは、ヒムカノミコの「御子」と共通する。

すでに触れたように、童子は鬼であり、祟り神でもあったのだ（173ページ）。すると、オオタタネコとヒムカノミコは、恐れられていたということになるではないか。

では、ヒムカノミコとは何者なのだろう。

ヒムカノミコの「祟りを鎮める力」

ここでひとつの仮説が浮上してくる。ヒムカノミコを素直に「日向（宮崎県）からやってきた御子」と考えてみるのだ。オオタタネコとヒムカノミコを重ねてみると、もっと興味深い。オオタタネコは、出雲神の祟りを鎮めるために、ヤマトに連れて来られた。しかもそれは、ヤマト建国の黎明期の話である。

ヒムカノミコは祟りを鎮める力があると信じられ、ヤマトに求められたのではあるまいか。そして唐突ながら、その正体は神武天皇ではなかったか。ヤマト黎明期の王は、祭司王《さいしおう》であり、実権を持っていなかった。なぜ弱い王が求められたのかといえば、「祟る恐ろしい神を調伏《ちょうぶく》する力がある者」だったからではなかろうか。だからこそ、日向から、神武天皇が連れて来られたと推理できる。神武天皇は武力でヤマトを圧倒したわけではなかった。呪うことによって、敵を圧倒したのである。

もっとも、ヒムカノミコを神武天皇と同一とすると、いくつかの疑問が浮かんでくる。

まず第一に、なぜ神武天皇に、祟りを抑《おさ》えるだけのパワーが備わっていたと信じられたのか、ということ。そして第二に、なぜ神武天皇は、南部九州から連れて来られたのか、ということである。

第一の謎は、次のように考えられる。昔話の中で、鬼退治を童子が行ない、童子は鬼と同等にみなされていた。すなわち、鬼退治は「鬼の喧嘩」だったのである。すると、神武天皇自身も、ヤマトから見れば、「祟る鬼」だったことになる。そして、ヤマトは「出雲神の祟り」におびえていたのだから、神武天皇と出雲神のつながりに注目すればよいのではないかと察《さつ》しがつく（もっとも、神武と出雲がつながっていたなどといっているのは、私だけだが）。

そこで天孫降臨《てんそんこうりん》神話に注目すると、興味深い事実に気づかされる。というのも、アマツヒコヒコホノニニギノミコト（天津彦彦火瓊瓊杵尊。ニニギ）から神武にいたる王家の祖神たちの周辺には、「異端の者」の影がつきまとっているのだ。それが、国《くに》神《つかみ》・サルタヒコノオオカミ（猨田彦大神）であり、蘇我氏の祖・武内宿禰《たけのうちのすくね》と接点をもつ住吉大神《すみよしのおおかみ》（シオツツノオジ《塩土老翁》）である。

サルタヒコはニニギを地上界に誘導したのちに、伊勢に向かい、この地で服属《ふくぞく》儀礼を行なうが、伊勢にはもうひとつ、似た話がある。すなわち、伊勢津彦《いせつひこ》なる人物が、ヤマト朝廷の軍勢に敗れ、東国に逃れたという。この話、サルタヒコの命運によく似ている。しかも、伊勢津彦は出雲系なのである。

それだけではない。蘇我氏も出雲とは強く結ばれている。

出雲大社の真裏のスサノオノミコト（素戔嗚尊）を祭る摂社《せつしゃ》は、素鵞社《そがのやしろ》という。なぜ「ソガ」なのかというと、スサノオの最初の宮が「須賀《すが》」で、「スガ」が「ソガ」に音韻《おんいん》変化したのだろう。蘇我氏の地盤は飛鳥だが、飛鳥の地名は「ア＋スガ（ソガ）」からきているとする説がある。事実飛鳥は、出雲神で満ちあふれている。

何をいわんとしているのか、とんと見当もつくまい。

こういうことなのだ。三世紀のヤマト建国に貢献した瀬戸内海勢力＝吉備と日本海勢力＝出雲（出雲の東側のタニハ〈丹波・但馬〉を含む日本海連合）は、纒向遺跡造営の後、主導権争いを演じていたと思われる。この場合、両者は、流通ルートの奪い合いをしていたことになる。出雲は北部九州と手を組んだが、吉備との戦いに敗れたのだろう。そして零落した日本海の貴種たちは、北部九州から南部九州に逃れ、逼塞《ひっそく》したのではないかと疑っているのだ。天孫降臨とは、このような敗者の逃走劇だったわけである（詳細は他の拙著を参照していただきたい）。

ヤマト建国の直後、ヤマトが出雲いじめに走っていたという話はすでにしてある（89ページ）。『日本書紀』は第十代崇神天皇と第十一代垂仁《すいにん》天皇の時代、出雲の支配権を出雲の首長から奪い取ったと記し、考古学は四世紀の出雲や山陰地方の衰弱を証明している。出雲を追いつめたのは、吉備だろう。この後、瀬戸内海は繁栄し、日本海側は没落していったのである。

吉備は、出雲をだまし討ちにしてしまったから、出雲を恐れる理由があった。疫病の蔓延に出雲の祟りを連想し、南部九州に逼塞していた神武を呼び寄せたのではないかと、筆者は推理しているのである。

第三部

日本武尊&「歴史時代」の神々

――なぜ彼らは「神」となり、恐れられたのか?

なぜ、歴史に「神話」が挿入されているのか？

『日本書紀』は、ヤマトの歴史を熟知していて、だからこそ真相を闇に葬ってしまったのではないか……。そう思うのは、神武《じんむ》東征《とうせい》以前の神話が、考古学と妙に符合してくるからだ。さらに「歴史時代に入っても神話が挿入されている」ことに、不自然さを覚える。しかも、「歴史時代の神話」の「配置」に、「意図」や「作為」を感じるのである。

歴史時代なのに神話じみた説話が多く登場するのは、「神」の名を冠する最後の王＝第十五代応神《おうじん》天皇の時代までである。

ヤマトタケルノミコト（日本武尊）がいい例だ。ヤマトタケルは第十二代景行《けいこう》天皇の子で、明らかな「歴史時代の人物」だが、その説話は、「まともな歴史」ではない。その証拠にヤマトタケルは童女の格好でひとり熊襲《くまそ》に立ち向かい、誰もかなわない強敵を討ち取っている。これはまさに、鬼の鬼退治であり、神話そのものではないか。

ヤマトタケルの子が仲哀《ちゅうあい》天皇で、その正妃の神功《じんぐう》皇后も、「腰に石を挟んで臨月《りんげつ》を遅らせた」といい、ワタツミ（海神）の呪具を貰い受けて新羅を攻め落としたという。神功皇后の祖にあたるアメノヒボコ（天日槍）は、玉から生まれた童女を追いかけて日本にやってきたという。どれもこれも、現実の話ではない。

正確な資料が残っていなかったから、つじつま合わせのために、神話じみた説話を創作したと考えることも可能だ。しかし、八世紀の朝廷が、ヤマトタケルの陵墓《りょうぼ》の鳴動に震え上がり、祟りを恐れたのはなぜだろう。歴代天皇の葬儀には、ヤマトタケルの死を悼《いた》む歌が必ず歌われ、この伝統は近代にまで継承されてきたのである。

神功皇后も、平安時代にいたるまで、「祟る女神」として恐れられた。

もし仮にヤマトタケルや神功皇后が、『日本書紀』によって創作された偶像なら、なぜ王家は、自ら編み出した幻影におびえ続けなければならなかったのだろう。「歴史時代の神々」は、通説の考えとは裏腹に、**「実在したからこそ、神話に塗り替えられてしまった」**のではあるまいか。

『日本書紀』編纂者は、彼らが「祟る恐ろしい鬼」であった理由を、知っていたからこそ、真相を「神話」にすり替えてしまったに違いないのである。

日本武尊（倭建命）

やまとたけるのみこと

なぜか天皇家が恐れ続ける「日本一の勇者」

ヤマトタケルノミコト（日本武尊）は、歴史時代を代表する「神」である。何しろ、ヤマトタケルをめぐる説話は、神話そのものだ。だいたい、ヤマトタケルという名の意味は、「日本一の勇者」であり、尊称《そんしょう》である。

もちろん、ヤマトタケルは実在しなかったというのが、史学界の常識となっている。ところが、この人物を架空とみなすと、わからないことが出てくる。たとえば、歴代の天皇家の葬儀に際し、ヤマトタケルの死を悼む歌が歌われ続けている。八世紀にいたっても、ヤマトタケルの祟りを朝廷が恐れている。ヤマトタケルの陵墓が鳴動し、

勇者・ヤマトタケルは「女装」をしていた!?

大騒ぎになっていたのである。

天皇家が、ヤマトタケルを恐れ続けていたのはたしかなことなのだ。もしヤマトタケルがおとぎ話で架空の存在なのならば、この天皇家の不審な態度を、どのように説明すればよいのだろう。

だいたい、ヤマトタケルは天皇家の正当性、正統性を証明するための単純な英雄ではない。たしかにヤマトタケルといえば、東国に遣わされ、ヤマトを偲《しの》びながら亡くなった悲劇的な人物というイメージが強い。**だがヤマトタケルは、人をだまし、凶暴な振る舞いをくり返す前半生を送っていたのである。**

謎だらけのヤマトタケル。正体を明らか

にすることはできるのだろうか。

ヤマトタケルは第十二代景行《けいこう》天皇の子だ。双子の兄にオオウスノミコト（大碓命）がいたが、ヤマトタケルに殺されている。トイレで待ち伏せされ、押しつぶされ、手足をもがれた。ヤマトタケルの凶暴な性格を知った景行天皇は恐れをなし、九州のクマソタケル（熊曾建。こちらも兄弟）征討に向かわせたのである。

クマソタケル兄弟は、新築の祝宴《しゆくえん》を開いていた。ヤマトタケルは厳重な警備をくぐり抜けるため、女装（童女の姿）して潜り込む。ヤマトタケルを気に入ったクマソタケル兄弟は、二人の間に座らせた。宴もたけなわになったころ合いを見計らって、ヤマトタケルはクマソタケルの兄の衿《えり》をつかみ、胸を刺し、殺す。さらに、逃げる弟の背中をつかみ、尻から剣を刺し入れ、熟した瓜《うり》を切り刻むようにして、成敗《せいばい》した。

『日本書紀』には書かれていないが、『古事記』によれば、クマソタケル征伐の帰途、ヤマトタケルは出雲に立ち寄り、イズモタケル（出雲建）を殺したという。

ヤマトタケルは、イズモタケルを欺《あざむ》くために、友誼《ゆうぎ》を結んだ。信頼させておいて、ニセの太刀《たち》を造り、その上で肥河《ひのかわ》（簸《ひ》の川《かわ》。現・斐伊川《ひいがわ》）で仲よく水浴びをした。ヤマトタケルは先に水から上がり、「太刀を交換しよう」と持ちかけ、イズモタケルの太刀を身につけると、「いざ、太刀を合わせよう」といった。イズモタケルは太刀を抜こうとしたが、抜けない。その隙にヤマトタケルはイズモタケルを斬り殺したのである。

クマソタケルもイズモタケルも、ヤマトタケルのだまし討ちによって成敗されたわけである。

「ヤマトタケル」と「スサノオ」の共通点

ヤマトタケルは、休む間もなく、東国征討に遣わされる。父は私に死ねといっているのだろうかと、ヤマトタケルは嘆くが、原因をつくったのは本人である。

ところが、ヤマトタケルはここから人格が豹変する。東国に赴き、「普通の人」になったばかりか、むしろ英雄のような活躍を始める。そして、ヤマトへの帰還を夢見ながら、能褒野《のぼの》（三重県鈴鹿市）で亡くなり、白鳥となってヤマトを目指したという。

このとき家族が詠《よ》んだ哀悼《あいとう》の歌こそ、歴代天皇家の葬儀で歌われ続けた歌なのである。

そしてこの後半生が、一般に知られたヤマトタケルの姿である。

なぜヤマトタケルは、二つの顔を持っていたのだろう。じつをいうと、よく似た神が存在する。それが出雲のスサノオノミコト（素戔嗚尊）なのである。

すでに触れたように、スサノオは天上（高天原《たかまのはら》）で大暴れをし、追放される（33ページ）。ところが地上界に降りたスサノオは、八岐大蛇《やまたのおろち》退治をし、出雲建国に邁進していった。この二面性は、両者に共通である。さらに、八岐大蛇退治でスサノオは草薙剣《くさなぎのつるぎ》を獲得しているが、この霊剣を手に東国に赴いたのがヤマトタケルであり、スサノオとヤマトタケルは見えない糸で結ばれているかのようである。ではなぜ、天皇家は、ヤマトタケルを恐れ続けたのだろう。ここに、重大な秘密が隠されている。ヤマトタケルは、架空の存在ではない。多くの秘密を握っているから、正体を抹殺されたのである。

天日槍（天日矛）

あめのひぼこ

古代史最大級の秘密を握る「新羅の王子」

古代史の謎を解く上で、これまで見過ごされてきた神や人物はいっぱいいたが、アメノヒボコ（天日槍）も、その中のひとりだ。いや、**アメノヒボコは、最大級の秘密を握っていた**といっても過言ではない。

アメノヒボコは、第十一代垂仁《すいにん》天皇の時代に、崇神《すじん》天皇を慕って朝鮮半島東南部の新羅から来日した人物だった。ところが、日本に着いてみると、すでに崇神天皇は亡くなっていたという。そこでやむなく、アメノヒボコは各地を転々とし、最後に但馬《たじま》の出石《いずし》（兵庫県豊岡市）に住む場所を見つけたのである。

まず、アメノヒボコという名は人ではなく「神」のものだ。「天」「日」「槍」、どれをとっても、神聖な意味を持っている。

八世紀に編纂された『日本書紀』は、朝鮮半島西南部の百済を親しみをこめて記述する一方で、百済の宿敵新羅を敵視する。その『日本書紀』が、新羅王子になぜか神の名を与えていたことになる。本来なら、罵倒したくてたまらなかったはずの新羅の王子に、なぜ『日本書紀』は、神の名を与えたのだろう。これは、異常な事態なのである。

また、『古事記』に載るアメノヒボコ（天日矛＝天日槍）の行動も、神話じみている。

新羅の国にアグヌマという沼があった。ひとりの賤《いや》しい女が昼寝をしていたら、突然太陽が七色に輝き、この女のホト（陰部）を突き刺した。すると女は、赤い玉を産み落としたのだった。これを目撃した賤しい男が、玉を貰い受け、腰にぶら下げていた。アメノヒボコはその男と出会い、いいがかりをつけて玉を奪った。アメノヒボコは玉を持ち帰って家に置いておくと、玉は美しい乙女に化けた。アメノヒボコは乙女を妻に迎え入れると、乙女は御馳走《ごちそう》を作り、アメノヒボコを喜ばせた。ところが、アメノヒボコは次第に増長していった。見切りをつけた乙女は、「そもそも私は、あなたの妻となるべき女ではありません。私の親の国に行きます」と告げ、密かに小舟に乗って日本に逃げてしまった。そして行き着いたのが難波（大阪）で、この地の比売《ひめ》碁《こ》（語）曾《そ》神社に祀られたという。アメノヒボコは妻を追い、難波までできたが、難波の津の神が邪魔をして入れてくれない。そこでアメノヒボコは、多遅摩《たじま》国（但馬）に行ったという。

どう考えても、これは神話である。けれども、おとぎ話として棄て置くことができない内容である。

まず、『日本書紀』の時代設定に注目してみよう。それは、第十代崇神天皇と第十一代垂仁天皇の時代、すなわち、ヤマトの黎明期にあたる。ひょっとしてアメノヒボコは、ヤマト建国の秘密を握っているのではあるまいか。

出雲と朝鮮半島はどんな関係だったのか？

不思議なことはいくつもある。たとえば、アメノヒボコの末裔の田道間守《たじまもり》は、浦島太郎に似ている。

垂仁天皇は田道間守を常世国《とこよのくに》（伝説の不老長寿の国。海の外の異界）に遣わし、非時《ときじくの》香菓《かくのみ》（橘《たちばな》）を求めさせたという。ところが、田道間守が常世国から戻ってくる前に、天皇が崩御してしまった。往復十年をかけて、田道間守は非時香菓を携えて常世国から帰ってきた。天皇の死を知り、嘆き悲しみ、自ら命を絶ったのだった。

アメノヒボコと浦島太郎が似ているのは、この話だけではない。アメノヒボコは『日本書紀』や『古事記』に登場する都怒我阿羅斯等《つぬがあらしと》なる人物と同一と考えられているが、都怒我阿羅斯等は、朝鮮半島（伽耶《かや》）からやってきて三年間留まり、帰国後悲惨な思いをしている。浦島太郎は「こちらからあちらに行って三年後に帰ってきてひどい目にあった」が、都怒我阿羅斯等は、「あちらからこちらにやってきて、三年後にあちらに戻ってひどい目にあった」のである。

なぜアメノヒボコと浦島太郎に、よく似た要素が隠されていたのだろう。

ここで思い出されるのが、スサノオノミコト（素戔嗚尊）のことだ。最初この神は朝鮮半島に舞い下り、日本にやってきたという。けれどもそれは、この神が半島からやってきたのではなく、日本列島から朝鮮半島南部に、鉄を求めて渡っていった先祖の記憶なのではないかと推理しておいた（50ページ）。

アメノヒボコも、「純粋な半島人」ではなく、鉄を求めてこちらからあちらに渡った人々の末裔ではないかと思えてならない（拙著『海峡を往還する神々』ＰＨＰ研究所）。そして、だからこそ、ヒメコソ（比売語曾）は「親の国に帰る」と、ヒントを漏らしていたのではあるまいか。

また、出雲神・カヤナルミノミコト（賀夜奈流美命）が「伽耶」の名を与えられていたのも、このような「出雲と朝鮮半島」の交流とかかわりがありそうだ。では、アメノヒボコと出雲に、接点はあるのだろうか。

『出雲国風土記』の有名な国引き神話には、新羅の土地を引っ張ってきて出雲にくっつけたという話が載っている。出雲から船を漕ぎ出せば朝鮮半島南部に辿り着く（その逆も可）のだから、両者の関係は強かっただろう。国境という概念がまだ稀薄《きはく》だった当時、朝鮮半島南部と出雲は、似たような文化圏だったのかもしれない。

そして、**アメノヒボコはヤマト建国に大いにかかわっていたからこそ、神の名を与えられ、その正体を抹殺されていたのではあるまいか。**

アメノヒボコ、興味が尽きない。

神功皇后《じんぐうこうごう》

じつに怪しい「伝説の皇后」

神功《じんぐう》皇后は第九代開化《かいか》天皇の曾孫の気長宿禰王《おきながすくねのおおきみ》の娘だ。また、第十四代仲哀《ちゅうあい》天皇の正妃で、第十五代応神《おうじん》天皇を生んでいる。宇佐《うさ》八幡宮《はちまんぐう》では、子の応神天皇とともに祀られる。神功皇后は歴史上の人物だが、れっきとした神社の祭神となっている。

神功皇后を考える上で、まず取りあげたいのはアメノヒボコ（天日槍）との関係だ。『古事記』によれば、アメノヒボコ（天日矛＝天日槍）は神功皇后の母方の祖ということになる。一方『日本書紀』は、二人の関係を記録していない。

福井県敦賀《つるが》市の地名は、アメノヒボコと同一人物と目される都怒我阿羅斯等《つぬがあらしと》の名からとられたとされているが、敦賀市には気比《けひ》神宮があって、神功皇后は息子の応神をこの地に遣わし、気比大神《けひのおおかみ》（おそらく都怒我阿羅斯等＝アメノヒボコであろう）と応神は、名を交換したという。その真相は謎のままだが、神功皇后とアメノヒボコが、目に見えぬパイプで結びついていたことを暗示している。この二人、じつに怪しい。

もっとも、『日本書紀』や『古事記』によれば、アメノヒボコと神功皇后の時代は離れているのだから、両者のつながりについて、これまでほとんど関心は持たれなかった。だが、アメノヒボコと神功皇后こそ、古代史の根っこの秘密を握っているとしか思えない。

たとえば**神功皇后は、第十五代応神天皇の母なのだから、四世紀後半の人物ということになりそうだが、その生涯は、神話じみている。**

九州の熊襲《くまそ》が背いたという報に接して、仲哀天皇は瀬戸内海を西に向かう。このとき神功皇后は、越《こし》（北陸地方）に滞在していて、出雲経由で日本海側から穴門豊浦宮《あなとのとゆらのみや》（山口県下関市）で夫と合流する。この後、北部九州の首長たちが次々に恭順し、仲哀天皇と神功皇后は、橿日宮《かしひのみや》（福岡市）に移る。

ここで神託がおり、「熊襲は無視して新羅を攻めろ」と命じられるが、仲哀天皇はこれを無視したため、変死《へんし》してしまった。神功皇后は夫の死を秘匿し、一気に筑後平野を平定すると、反転し新羅を攻めた。このとき、神功皇后は産み月にあたっていたが、石を腰に差し挟んで、出産を遅らせたという不思議な話が出てくる。また、ワタツミ（海神）から貰い受けた如意珠《にょいだま》（潮涸瓊《しおひのたま》・潮満瓊《しおみつのたま》）を用い、新羅を圧倒したのだった。

九州に戻って、神功皇后は応神を産み落とす。だが、ヤマトでは、応神の腹違いの兄たちが、応神のヤマト入りを阻止しようと立ち上がっていたのだった。瀬戸内海を東に向かいこれを征討し、神功皇后は凱旋《がいせん》すると、摂政《せっしょう》として六十九年間、ヤマトに君臨したのである。

卑弥呼は神功皇后に殺された⁉

神功皇后の謎は、書き出したら尽きないほどある。

たとえば『日本書紀』は、神功皇后の段で、『魏志倭人伝』を引用している。つまり、「神功皇后は邪馬台国の女王だったかもしれない」と述べているわけである。

もっとも通説は、「神功皇后は七世紀の女帝をモデルに創作された人物」と斬り棄てるから、この『日本書紀』の記事も、無視したままだ。だが、神功皇后と邪馬台国は、無関係ではない。

ヒントを握っているのはアメノヒボコである。『日本書紀』は、アメノヒボコが第十代と第十一代天皇の時代に来日したと記す。これは、ヤマト黎明期のことと考えられる。そこで問題となってくるのが、アメノヒボコが追ってきた乙女が、ヒメコソ（比売語曾）だったことである（82ページ）。

ヒメコソはアカルヒメノカミ（阿加流比売神）やシタデルヒメ（下照姫）と混同されることが多いのも問題だが、ヒメコソが「卑弥呼」と同一ではないか、とする説がある。

ヒメコソ＝卑弥呼説の根拠は、「ヒメコソ」と「ヒミコ」の「響きと意味」がよく似ているからなのだが、ここで指摘しておきたいのは、ヒメコソと神功皇后のつながりであり、神功皇后とアメノヒボコの接点のことである。

三品彰英《みしなしょうえい》氏は、アメノヒボコと神功皇后の移動ルートが、ほとんど重なってしまうと指摘している（『増補日鮮神話伝説の研究　三品彰英論文集　第四巻』平凡社）。

また神功皇后は、なぜかいくつかの場面で、「トヨ」の名のつく女神とかかわりを持っている。宗像大社《むなかた》（福岡県宗像市）の伝承によれば、神功皇后の妹はトヨヒメ（豊姫）で、その昔、この姉妹はワタツミ（海神）と親子だったという。神功皇后の宮は豊浦宮《とゆらのみや》なのだから、やはり神功皇后と「トヨ」は、切っても切れない。そして、歴史上の「トヨ」といえば、魏にワタツミの神宝＝ヒスイを送り届けた邪馬台国の台与《とよ》がいる。

なぜ神功皇后は、アメノヒボコやトヨとつながってくるのだろう。唐突ながら、**アメノヒボコと神功皇后の関係は、御先祖様と末裔などではなく、もっと近しい間柄で、しかも神功皇后は、邪馬台国の卑弥呼の宗女「台与」だったのではあるまいか。**

そもそも神功皇后が邪馬台国の時代の人だと記録したのは『日本書紀』である。卑弥呼は「名」ではなく「職掌《しよくしよう》」なのだから（卑弥呼＝日巫女《ひのみこ》）、台与も卑弥呼であって何の不都合はない。そう考えれば、アメノヒボコの追ってきたヒメコソ（こちらも日巫女、卑弥呼である）と神功皇后は重なってくる。

そして、話は複雑になるが、もうひとつつけ加えておきたいことがある。それは、邪馬台国の台与は卑弥呼の宗女だったという『魏志倭人伝』の記事は間違いで、二人

かくして卑弥呼は追い詰められた!?

は敵対していた可能性が高い、ということである。

なぜこんな突拍子もないことをいうのか、筆者なりの理由がある。

問題は、神功皇后の行動にある。神功皇后は福岡市付近から南下し、山門県《やまとのあがた》（福岡県みやま市）の女首長を殺しているが、山門といえば、邪馬台国北部九州説の最有力候補地であり、ヤマト（大和）の台与による山門（邪馬台国）の卑弥呼殺しという推理が浮上してくるのである。

神功皇后の足跡と、ヤマト建国前後の考古学も、矛盾しない。

当時北部九州には、ヤマトや山陰地方から土器が流れ込み、また、纒向《まきむく》で生まれた纒向型前方後円墳が伝播していた。この新たな埋葬文化を取り込んだ地域は、まさに神功皇后に恭順してきた北部九州の首長たちの分布《ぶんぷ》と重なる。これに対し、山門の一帯は、新文化を拒絶した地域だったのである。

私見をまとめると、次のようになる。ヤマトに出雲や吉備が集まって、新たな勢力が誕生し、弥生時代をリードしていた北部九州の首長たちは、ヤマトにつく者、ヤマトに反発した者に分かれたのだろう。そして、邪馬台国の卑弥呼は、ヤマトよりも早く魏に朝貢《ちょうこう》し、「われわれがヤマト（邪馬台国）」と報告し、親魏倭王《しんぎわおう》の称号を獲得することに成功してしまった……。これに危機感を抱いたヤマトが、神功皇后らを北部九州に遣わし、山門（邪馬台国）の卑弥呼を抹殺したのではないか、と考えている。

さらに、親魏倭王の称号を獲得していた卑弥呼を殺したことが露顕《ろけん》すれば、ヤマトは魏を敵に回すことになる。そこでヤマトは、台与が「卑弥呼の宗女」という話をでっち上げ、魏に報告したのではないかと推理しているのである。

応神天皇
おうじんてんのう

いまも残る「祭り」の本質からわかる歴史の勝者

歴史上「神」の名を冠する天皇は、神武《じんむ》、崇神《すじん》、応神《おうじん》天皇、そして神功《じんぐう》皇后を入れると四人だけである。なぜ「神」なのかといえば、くどいようだが、彼らが「鬼」「祟り」とかかわりが深かったからだろう。

『日本書紀』の記事に従えば、神功皇后は歴史の勝者側に立っているが、なぜかのちの朝廷は、神功皇后の祟りにおびえている。そうなると、神功皇后も「本当は敗れた者」であり、「祟るいわれ」があったことになる。

では、息子の応神天皇はどうなのだろう。

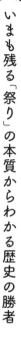

応神天皇と神功皇后を祀る宇佐《うさ》神宮やその周辺に残された特殊神事が、応神天皇の正体を探る上で、大きなヒントとなってくる。それが、放生会《ほうじょうえ》のクライマックスで演じられる傀儡子《くぐつ》の舞《まい》である。

傀儡子の舞に登場する傀儡子（操人形《あやつりにんぎょう》）は、神功皇后の眷属《けんぞく》（一族）の神という設定だ。傀儡子は東西に分かれ戦う。はじめは互角、やがて西軍が敗れ続け、最後に「住吉さま（ワタツミ〈海神〉）」が登場し、東軍をばたばたと打ち倒していく。

宇佐神宮の祭神は応神天皇（八幡神）と神功皇后、そしてヒメカミ（比売神）なのだが、なぜ宇佐とは縁もゆかりも無い住吉大神《すみよしのおおかみ》が、ここで登場するのだろう。

神道の祭りの本質は「祟る神を鎮めること」にある。だから恐ろしい神を神輿《みこし》に乗せて、「よいしょ」するわけである。

すると、「西軍が負けた」「住吉大神が大逆転した」という話、無視できない。歴史の上では、「西軍（九州の神功皇后）」は「東軍（ヤマト）」に負け、だからこそ恨みを持ち、祀る側はその祟りにおびえているから、祭りの中で、「西軍」と住吉大神に勝っていただいたという構図が見えてくる。神功皇后や住吉大神が歴史の勝者だったのなら、このような祭りは成立しえない。

ではなぜ、応神天皇や神功皇后を助けるために、住吉大神が出現するのかといえば、この神がシオツツノオジ（塩土老翁）であり、武内宿禰《たけのうちのすくね》だからだろう。

そうなると、**宇佐神宮では、応神天皇も祟り神と考えられていた**ことがわかる。

「神」の名がつく天皇には共通点があった

問題はここからだ。『古事記』は上中下巻に分かれているが、上巻は神話に、中巻は神武天皇から応神天皇までを記録している。問題は中巻で、なぜか神話じみた話題が多い。しかも、最後の応神天皇の段で、神功皇后の御先祖様であるはずのアメノヒボコ（天日槍）の説話を載せ、さらに、因幡《いなば》の素兎《しろうさぎ》と海幸山幸《うみさちやまさち》神話を足して二で割ったような、歴史とはまったくかかわりのない「神話」を用意しているのである。

この『古事記』の記事は、意図的ではなかろうか。『古事記』は、「アメノヒボコと応神は同時代人」といい、「応神天皇の時代までが神話の時代」と主張しているに違いないのである。

そこで興味を引かれるのは、神武と崇神、二人のヤマト建国時の大王が「神」と呼ばれていたこと、応神もまた同様に「神」だったことだ。さらに、応神の九州からヤマトに向かう行程は、ほぼ神武と重なっている。いったん紀伊半島に逃れたという話も一緒である。

ひょっとして応神と神武は、同一人物ではあるまいか。つまり、『日本書紀』は「応神はヤマトに帰ってきた」というが、実際はヤマトに裏切られ、神功皇后とともに、南部九州に落ち延び、ヤマトを呪っていたのではあるまいか。だからこそ、九州の豊の国の宇佐神宮では、敗れて呪う応神天皇らの霊を慰《なぐさ》める祭りを続けてきたのではないかと思いいたるのである。

ここで、あえて指摘しておきたいのは、神功皇后の行軍《こうぐん》ルートのことである。神功皇后は熊襲《くまそ》が背いたと聞き、越《こし》（北陸）から出雲を経由して北部九州に向かっている。夫の仲哀《ちゅうあい》天皇は、瀬戸内海を西に向かっていた。この別行動、じつに怪しい。

ヤマト建国には、出雲と吉備が貢献していた。そしてのちに、なぜか出雲は没落していたのである。この盛衰《せいすい》、ヤマト建国後の主導権争いを暗示し、日本海（出雲＋タニハ）と瀬戸内海（吉備）が、流通ルートの争奪《そうだつ》戦を展開していた可能性を示している。そして、越から出雲を経由して北部九州に向かった神功皇后は、日本海の利害を代弁する者であったことになる。

そうなると、出雲の没落と神功皇后の零落が、一本の糸でつながってくる。神功皇后の敗北こそ、真の出雲《いずも》の国譲《くにゆず》りだったのではないかと思えてくる。

そして、ついでだから私見を述べてしまえば、ヤマトの吉備勢力に追いやられ北部九州を脱出した神功皇后らは、九州の西岸を南下し、南部九州に辿り着いたのではなかったか。これが「天孫降臨《てんそんこうりん》」の真相ではあるまいか。

そう考えることで、天皇家の祖神の周辺に、サルタヒコノオオカミ（猨田彦大神）やシオツツノオジといった怪しげな神々が登場する理由がはっきりとする。ヒムカノミコ（日向御子）がヤマトに求められた理由もはっきりとする。

神功皇后が祟る神として恐れられたのは、たしかな根拠があったからだろう。そして応神天皇の名に「神」がつくのは、この人物がヤマトを呪ったからに違いない。その恐ろしい呪いにおびえた「ヤマトの吉備勢力」は、南部九州（日向）から応神を連れてきたのではあるまいか。

武内宿禰
たけのうちのすくね

三百年生きた「神のような存在」

武内宿禰《たけのうちのすくね》は三百歳の長寿を保ったというから、普通の人間ではない。神のような存在である。

『日本書紀』は、武内宿禰を神格化する一方で、この人物の正体を抹殺してしまっている。『古事記』によれば、武内宿禰は蘇我氏の祖だという。だが『日本書紀』は、蘇我氏の祖が誰であったのか、まったく口を閉ざして語ろうとしない。

蘇我氏は渡来系とする考えが根強いが、もし八世紀の朝敵《ちょうてき》である蘇我氏が渡来系なら、『日本書紀』は迷わず、その事実を書き残しただろう。そうしなかったのは、蘇我氏がむしろ正統な系譜を持った氏族だったからである。

では、武内宿禰の正体を解き明かすことは可能なのだろうか。

すでに触れたように、武内宿禰と浦島太郎、シオツツノオジ（塩土老翁）に、多くの接点が隠されていた（179ページ）。問題はシオツツノオジで、この神は、天皇家の祖神や神武《じんむ》天皇を助け、導くという性質を持っていた。武内宿禰も、応神を守り、ヤマトに導いた功労者である。

『日本書紀』には、興味深い記事が載っている。武内宿禰が筑紫《つくし》（北部九州）に滞在し、視察していたときのこと、弟の甘美内宿禰《うましうちのすくね》なる人物が、ウソの報告をして、武内宿禰をおとしめようとしていたとある。

武内宿禰が三韓《さんかん》（朝鮮半島南部の国々）と手を結び、謀反を企んでいる、というのである。武内宿禰は殺されそうになったが、武内宿禰にそっくりな真根子《まねこ》という人物が身代わりになって死に、武内宿禰は助かったという。この話、妙にひっかかる。神功《じんぐう》皇后と武内宿禰は北部九州を支配下に置いた後、ヤマト（正確には、ヤマトの吉備勢力）に裏切られたとする私見とよく似ているからである。

それだけではない。殺されそうになった（あるいは死んだ）人物のそっくりさんがいたという話、アメワカヒコ（天稚彦）とアジスキタカヒコネノカミ（味耜高彦根神）、オオクニヌシノカミ（大国主神）と出雲国造家《こくそうけ》（身逃神事《みにげしんじ》の場面）にそっくりだ。武内宿禰とそっくりだったという真根子の話、ようするに出雲神話の焼き直しではあるまいか。

天皇が亡くなられた晩に皇后と結ばれたのは……

武内宿禰にまつわる興味深い話は、七世紀にもある。

すでに触れたように、飛鳥の蘇我の政権は、「トヨの王家」でもあった（148ページ）。その「トヨ」は「台与」で、神功皇后と同一と考えられる。神功皇后の拠点は豊浦宮《とゆらのみや》だったが、蘇我系推古《すいこ》女帝の宮も、飛鳥の豊浦宮である。蘇我馬子の子は豊浦大臣《とゆらのおおおみ》と呼ばれていたから、蘇我氏と「豊浦」も、強い因果で結ばれている。

推古女帝が豊御食炊屋姫《とよみけかしきやひめ》で、「トヨの女王」であることはすでに触れたが、推古天皇に近侍し、実権を握っていたのは、蘇我馬子である。

蘇我馬子は「嶋大臣《しまのおおおみ》」と呼ばれ、「豊浦の嶋の大臣」は、「浦島子《うらしまのこ》（浦島太郎）」に

「300歳の長寿」とされる武内宿禰の正体はいったい何だったのか

似ているのだが、それはともかく、推古天皇と蘇我馬子のコンビは、そのまま神功皇后と武内宿禰に重なってくる。七世紀の蘇我系の政権が「トヨの王家」だったのは、神功皇后と武内宿禰の政権が復活したからではあるまいか。

そしてもうひとつ、気になるのは、蘇我とヒスイの関係である。

これもすでに触れたように、蘇我氏は六世紀から七世紀にかけて、ヒスイを独占的に生産していた（147ページ）。そして、蘇我の滅亡とともに、ヒスイは忘れ去られていくのである。

ヒスイは越《こし》（北陸地方）の特産品で、日本海の神宝でもある。蘇我氏がヒスイにこだわったのは、彼らが「日本海勢力」だったからだろう。飛鳥の地が出雲神の密集地帯であったことも、たしかな理由があったからだろう。

蘇我系豪族が越周辺の国造《くにのみやつこ》に任命されていたことは、『国造本紀《こくぞうほんぎ》』に詳しく書かれている。やはり、蘇我氏は日本海と縁が深い。鳥取県の宇倍《うべ》神社には、武内宿禰がこの地で亡くなったという伝承を残す。どこまで真実かはっきりとしないが、日本海と蘇我のつながりを暗示している。

そこで最後に残された謎は、**もし武内宿禰がシオツツノオジと同一ならば、仲哀《ちゅうあい》天皇が亡くなられた晩、神功皇后と結ばれたのが武内宿禰だった**のか、ということになる。

つまり、初代天皇の父親は武内宿禰だったのではないか、という疑念が浮かびあがってくるわけである。軽々しくはいえないが、可能性は十分にある。

聖徳太子
しょうとくたいし

なぜ、聖徳太子は過剰に礼賛されたのか

神々の中に実在の聖徳太子が紛れ込めば、違和感を覚える方も少なくないだろう。けれども、この人物をめぐる『日本書紀』の説話は、神話に近い。特に、幼少時代のそれは、現実離れしている。いわば、神童として描かれているのだが、はたしてこれは、聖徳太子を礼賛《らいさん》するために挿入されたのだろうか。そうではなく、これにはカラクリが隠されているように思えてならない。『日本書紀』は、聖徳太子の生涯を、必要以上に美化しているからである。

聖徳太子は第三十一代用明《ようめい》天皇と穴穂部間人皇女《あなほべのはしひとのひめみこ》との間の子で、父も母も蘇我の血

を引いている。

穴穂部間人皇女は出産予定日に宮をめぐり、役所を観て回ったとき、たまたま馬屋《うまや》の戸にあたって、難なく聖徳太子を産み落とした。それで、厩戸皇子《うまやとのみこ》という名がつけられた。生まれた直後から言葉を発し、聖《ひじり》の智《ち》があった。成長すると、一度に十人の訴えを聞き漏らさず、予知能力があったという。

これらの話の多くは、中国の文書（『史記』など）から引用したもので、母親が馬屋の戸にあたったという話も、中国に伝わっていたキリスト生誕伝説を借りてきたものとされている（景教《けいきょう》）。**実物以上に聖徳太子を礼賛していたことは間違いないし、聖徳太子の死も、過剰に演出されている。**

太子の死を知り、諸王、諸臣、および天下の農民たちは、悲嘆に暮れた。老人はいとしい子供を失ったように、酢をなめても味がわからず、幼いものは慈《いつく》しむ父母を亡くしたように泣き、その声は巷《ちまた》にあふれた。耕す者は鉏《すき》の手を休め、稲つく女は杵《きね》つきをやめた。

「太陽や月は輝きを失い、天と地が崩れたようになってしまった。これから先、誰を頼りにすればいいのだろう」

と、語り合ったというのである。

このような太子礼賛は、「聖徳太子の人徳」を称えるものだというのが、常識的な考えだろう。聖徳太子の作り上げた冠位十二階《かんいじゅうにかい》や憲法十七条は、制度改革の土台になったはずだからである。

『日本書紀』では聖徳太子は「鬼」扱い⁉

だが近年、このような聖徳太子の業績は、作り話ではないかと疑われるようになってきた。

そのことも問題だが、さらに謎めくのは、『日本書紀』の態度である。というのも、『日本書紀』は聖徳太子を神格化するように見せかける一方で、鬼扱いしているからである。

もっともわかりやすい例は、蘇我馬子と物部守屋《もののべのもりや》の仏教導入にまつわる死闘の場面だろう。ここで聖徳太子は蘇我馬子に加勢し、鬼の格好をして戦っている。

「『日本書紀』のどこに、聖徳太子が鬼の姿で登場しているのだ」と、目を白黒されても困る。

『日本書紀』をよく読めば、はっきりそう書かれている。

排仏派の物部守屋と対立していた蘇我馬子は、用明二年（五八七）七月、ついに朝廷を動かし、征討軍を率《ひき》いて河内の物部守屋を襲う。だが、物部守屋の抵抗は激しく、朝廷軍は三度敗走《はいそう》した。戦況の不利を悟った聖徳太子は、ここで願掛《がんか》けをする。霊木《れいぼく》（白膠木《ぬりで》）を伐《き》り、四天王像を彫り、髪をたぐりあげ、「今もし我をして敵に勝たしめたまわば、必ず護世四王《ごせしおう》のために寺を建てましょう」と誓うと、物部守屋は自ら崩れていったというのである。

問題はこの場面で、『日本書紀』がわざわざ聖徳太子の髪型に言及していることで、それが「束髪於額《ひさごはな》」であった。これは童子の髪型であり、『日本書紀』は、大人が束になってかかってもかなわない物部守屋を、ひとりの童子の呪いによって打ち破ったことを強調していることになる。

この、鬼のような物部守屋を童子が退治したという話、昔話の鬼退治と同じパターンであることに気づかされる。ようするに、**聖徳太子は鬼に勝るとも劣らない童子（鬼）だといっているのである。**

聖徳太子を鬼扱いしているのは、『日本書紀』だけではないから問題である。法隆寺や元興寺《がんごうじ》、飛鳥寺（法興寺）など、聖徳太子とゆかりの深い寺院では、なぜか聖徳太子を童子の姿で祀ることが多い。このことは長い間謎とされてきたのだが、簡単なことなのだ。聖徳太子が鬼だったことは、古代人なら、誰でも知っていたのである。

聖徳太子の母を鬼扱いする文書も存在する。それが『上宮《じょうぐう》聖徳《しょうとく》法王帝説《ほうおうていせつ》』で、その中で法隆寺の金石文《きんせきぶん》の中に、聖徳太子の母を「鬼前《かむさき》」と呼ぶ例が引用されている。なぜ「鬼前」なのかというと、アナホベノハシヒトノヒメミコが「神前宮《かむさきのみや》」とかかわりを持っていたから、という。

それならば、「神前」と呼べばよいのに、あえて「鬼前」と呼び直しているのは、聖徳太子が「鬼の子」であることを強調するためであろう。

太古の日本で「神」と「鬼」が表裏一体であったにしても、八世紀の『日本書紀』が編纂されてからは、「神」と「鬼」は、峻別されていく。だから、聖徳太子を鬼扱いした背景には、『日本書紀』の悪意がこめられている。

梅原猛《うめはらたけし》氏は『隠された十字架』（新潮社）の中で、法隆寺東院伽藍《とういんがらん》（夢殿《ゆめどの》）の聖徳太子等身像・救世観音《ぐぜかんのん》の光背《こうはい》が、直接後頭部に突き立てられていることから、聖徳太子の怨霊《おんりょう》が封じ込められているという推理を働かせている。

「神殺しの大悪人」はこうしてでっち上げられた

なぜこのような発想が生まれたのだろう。

聖徳太子の死後、子の山背大兄王《やましろのおおえのみこ》は蘇我入鹿の軍勢の攻撃で、一族滅亡の悲劇に見舞われたが、この事件の黒幕は中臣鎌足で、蘇我系皇族と蘇我氏の内ゲバによって、漁父《ぎょふ》の利を得ようとしたのではないかと、梅原猛氏は推理している。そして、中臣鎌足の末裔の藤原氏は、一族のピンチに必ず法隆寺を重視していることから、彼らには後ろめたい気持ちがあり、また一方で、法隆寺に聖徳太子の怨霊を封じ込めたのだろうとする。

一世を風靡《ふうび》した考えだが、これには従えない。

聖徳太子に多くの謎が隠され、藤原氏が法隆寺を丁重に祀っていることはたしかにしても、法隆寺が山背大兄王を祀った気配が稀薄だからだ。なぜ藤原氏は、山背大兄王ではなく聖徳太子を恐れたのか、大きな矛盾が生まれるのである。

では、聖徳太子の謎をどう考えればよいのだろう。だいたい、必要以上に礼賛しておきながら、密かに「聖徳太子は本当は鬼だった」とささやいていた『日本書紀』の態度こそ、不可解である。

私は、こう考える。

聖徳太子や山背大兄王とは、『日本書紀』の創作した架空の存在なのである。ではなぜ、『日本書紀』が聖徳太子という人間離れした偉人や、山背大兄王一族の滅亡という悲劇を用意する必要があったのかといえば、蘇我氏の功績を抹殺するためであろう。

聖徳太子は、調べれば調べるほど、謎の数が増えてくるといわれてきた。けれども、裏側からのぞいてみれば、そのカラクリは、意外に単純だったのである。

ようは、八世紀に権力を握った藤原氏が、「蘇我」の実像を抹殺したかっただけの話である。抹殺するだけではなく、「蘇我」を悪者に仕立て上げるためには、神格化された偶像をこしらえる必要があった、ということになる。そうしなければ、蘇我を「神殺しの大悪人」にすり替えることはできなかったのである。

蘇我入鹿
そがのいるか

入鹿神社に鎮座する"正真正銘の"神様

蘇我入鹿《いるか》が神の仲間入りをすることこそ、納得できないかもしれない。けれども、奈良県橿原《かしはら》市小綱《しょうこ》町には、「入鹿神社」が鎮座する。もちろん祀られているのは、蘇我入鹿であり、この集落では、蘇我入鹿は立派な神様である。

蘇我入鹿といえば、天皇家を蔑《ないがし》ろにし、王位を奪おうとした極悪人として知られている。そして、皇室の危機に立ち上がったのが、中大兄皇子《なかのおおえのみこ》と中臣鎌足だったという話は、小学生でも知っている。

蘇我入鹿暗殺は、古代史のエポックになった。この直後、改新之《かいしんの》詔《みことのり》が発せられ、ヤマト朝廷は、一気に律令制度導入に突き進んだと考えられているからだ。裏返せば、蘇我入鹿ら蘇我本宗家が、既得権益《きとくけんえき》を守ろうとして、改革事業の邪魔になっていたことになる。

だが近年、ようやく蘇我氏の実態が明らかになりつつある。**これまでの常識とは裏腹に、蘇我氏は改革事業にむしろ積極的だったのではないか**と考えられるようになってきたのである。

たとえば、中央集権化のステップとなった屯倉《みやけ》制（王家の直轄《ちょっかつ》領を増やすこと）は、蘇我氏が推進役だった。天皇家の外戚となることによって権力の座を守り続けたのが蘇我氏なのだから、彼らは玉座を奪おうとしたのではなく、強い王家の構築を目指していたのではないかと考えられるようにもなった。

蘇我氏が改革派であった傍証《ぼうしょう》は、難波宮《なにわのみや》である。蘇我入鹿が死んで即位した孝徳《こうとく》天皇は、難波宮遷都を強行している。この難波宮が、蘇我入鹿の正義を証明している。

発掘調査によって、難波宮はのちの藤原京や平城京の原型となる、宮城《きゅうじょう》を備えていたことがわかってきた。宮城や都城《とじょう》の建設は、律令制度の根幹であり、孝徳天皇が律令制度の基礎を築きつつあったことがはっきりとしてきた。

もっとも、これまで孝徳天皇は蘇我氏の敵と考えられてきたから、難波宮が画期的であったとしても、「改革派としての蘇我氏」には結びつかない。

問題は、難波宮遷都の直後、老人たちが、「そういえば、ネズミが飛鳥から西に向かって移動していたが、今思えば難波宮遷都の予兆《よちょう》だったのだ」と語り合ったと『日本書紀』に記されていることである。

そのネズミたちは、蘇我入鹿暗殺の直前に、難波に向かっていたという。そうなると、難波宮建設は、蘇我入鹿が推進し、その事業を孝徳天皇が継承していたことになる。

蘇我入鹿は本当に「大悪人」だったのか?

ただしそうなると、中大兄皇子らの暗殺劇はいったい何を目的としていたのか、かえって謎が増える。

これは意外なことだが、中大兄皇子と孝徳天皇は反《そ》りが合わず、せっかく造営した難波宮を、中大兄皇子は棄ててしまっている。ひょっとして、**中大兄皇子こそ、反動**

蘇我入鹿には「祟って出てくる」理由があった

勢力だったのではあるまいか。

そこで注目してみたいのは、蘇我入鹿が祟って出ていることである。

『日本書紀』斉明《さいめい》元年（六五五）夏五月の記事には、笠をかぶった異形《いぎょう》の者が竜に乗って葛城《かつらぎ》山から生駒《いこま》山、さらには住吉に向かって飛んでいったとある。斉明七年（六六一）には、九州の朝倉橘広庭宮《あさくらたちばなのひろにわのみや》にいた斉明天皇の周囲で異変が起き、近習《きんじゅ》の者がばたばたと死に、斉明天皇自身も亡くなられたといい、このとき、斉明の葬儀の様子を、鬼が大笠を着て見守っていたとある。『扶桑略記《ふそうりゃっき》』は、この異形の者を「蘇我」と断言している。斉明天皇は蘇我入鹿暗殺現場に居合わせた女帝であり、蘇我入鹿の恨みを買っていたようだ。蘇我入鹿は祟って出ていたのである（あるいは、誰もが異変を見たとき、「あれは蘇我入鹿の仕業」と、感じたということ）。

原則として、祟りは祟られる側にやましい心がないと成立しない。無実の者を殺したからこそ、仕返しが恐ろしいのである。正義のある者は、祟りを恐れない。そうなると、**蘇我入鹿は罪なくして殺された可能性が出てくる**のである。

件《くだん》の入鹿神社の周辺には、石標《せきひょう》が立っていて、そこには「蘇我入鹿公御旧跡《こうご》」と刻まれている。「公」も「御旧跡」も、大悪人・蘇我入鹿にふさわしくない。蘇我入鹿に対する崇拝《すうはい》の念が、感じられるのである。事実、地元の人達は、この石標を大切に守り続けている。

戦争中、この石標はお上の命令で排除された。天皇家に楯突《たてつ》いた悪人なのだから、目障《めざわ》りだったのだろう。だが戦後、石標は地元の人達の手で、元に戻されたのである。

入鹿神社や近くの曾我の集落の人々は、多武峰《とうのみね》の集落と仲が悪く、婚姻関係をけっして結ばなかったという。多武峰が、入鹿暗殺の首謀《しゅぼう》者・中臣鎌足を祀る神社だったからである。

入鹿神社は、いまだに蘇我入鹿の無実を訴えているかのようではないか。

井上内親王
いのうえないしんのう

その血統ゆえに罪をなすりつけられた皇后

井上内親王《いのうえないしんのう》も、実在の人物だ。けれどもこの女人は、神として祀られ、恐れられるようになる。

井上内親王は、第四十五代聖武《しょうむ》天皇と、県犬養《あがたいぬかいの》広刀自《ひろとじ》の間の子で、幼くして斎王《さいおう》（天皇の名代として伊勢神宮に奉仕する。天皇の近親者の未婚女性から選ばれる）になった。弟の安積《あさか》親王の死後、都に戻り、白壁王《しらかべおう》（天智《てんじ》天皇の孫でのちの光仁《こうにん》天皇）に嫁いでいる。

夫が瓢簞《ひょうたん》から駒の形で宝亀《ほうき》元年（七七〇）に即位し、皇后となり、子の他戸《おさべ》親王が皇太子となったのだから、順風満帆《じゅんぷうまんぱん》の人生のように見える。だが、ここから悲劇が始まる。

宝亀三年（七七二）三月、当時の実力者・藤原百川《ふじわらのももかわ》は、井上内親王が、巫蠱《ふこ》（人を呪うこと）を行なったと密告し、皇后位を剝奪してしまったのだった。さらにその二か月後には、皇太子にも累《るい》は及び、厭魅《えんみ》大逆《たいぎゃく》（妖術《ようじゅつ》で君主を呪うこと）に荷担《かたん》したとして、皇太子の座から引きずり下ろされてしまう。

これだけでは終わらない。宝亀四年（七七三）十月、光仁天皇の姉が亡くなったのは、井上内親王の呪いが原因だったと因縁《いんねん》をつけられ、母子ともに、大和国宇智《うち》郡に幽閉《ゆうへい》されてしまったのである。

いったいなぜ、矢継ぎ早にこの母子は罪をなすりつけられてしまったのだろう。

いきさつはやや複雑である。話はだいぶ戻らねばならない。

斉明《さいめい》天皇の息子・中大兄皇子《なかのおおえのみこ》は、斉明天皇亡き後、白村江《はくそんこう》の戦い（六六三）を経て即位する。天智天皇の誕生である。このとき、皇太子に選ばれたのは弟の大海人皇子《おおあまのみこ》で、のちの天武《てんむ》天皇だ。

天智と大海人皇子は兄弟でありながら反りが合わず、天智は晩年、子の大友皇子《おおとものみこ》の

「呪われた都」は打ち棄てられた?

即位を願うようになる。緊迫《きんぱく》した空気が流れ、天智の崩御ののち、大海人皇子と大友皇子は、雌雄《しゆう》を決する。これが壬申《じんしん》の乱(六七二)で、乱を制した大海人皇子は、即位して天武天皇となる。

この天智と天武の兄弟の確執は、その後も尾を引く。

天武天皇の王家は、その後独身女帝称《しょう》徳《とく》天皇の代まで続くが、子のない称徳の崩御とともに、皇位継承問題が浮上した。このとき政権を牛耳《ぎゅうじ》っていたのは藤原氏で、彼らは天武系から天智系への王家の移行を画策した。もともと藤原氏の祖の中臣鎌足は、天智天皇の懐刀だったから、天智系王家の復活は悲願だったのである。

こうして、年老いて酒浸《さけびた》りだった白壁王に白羽の矢が立った。ただ、**天武系を懐柔《かいじゅう》するために、天武系の井上内親王が皇后に冊立《さくりつ》され、その子が皇太子になったわけである。**

つまり藤原氏は、いったんは天武系に譲歩して見せておきながら、すぐに手のひらを返し、井上内親王と他戸親王を、罠《わな》にはめたのである（罠というよりも、一方的ないいがかりに過ぎないが）。

宇智郡に幽閉されて二年後の宝亀六年（七七五）四月、井上内親王と他戸親王は、同じ日に亡くなってしまう。死因は明らかではないが、どう考えても密室殺人である。

この結果、天武系の血統は完璧に断たれてしまった。他戸親王の代わりに皇太子の地位に立つのは、光仁天皇と百済系の女人（高野新笠《たかののにいがさ》）の間に生まれた山部親王《やまべしんのう》であった。これが平安京遷都を敢行した桓武《かんむ》天皇である。

だから桓武天皇は平安京遷都を急がなければならなかった

『公卿補任《くぎょうぶにん》』は、これら一連の事件を、「藤原の策謀」と記録し、『本朝皇胤紹運《ほんちょうこういんじょううん》録《ろく》』には、井上内親王と他戸親王は、獄中《ごくちゅう》で亡くなられたのち、竜になって祟ったと記録されている。『水鏡《みずかがみ》』にも、藤原百川が祟りに苦しめられたとしている。

これらの伝承を総合すれば、「藤原」が井上内親王親子を抹殺したことは間違いない。問題は、この後の朝廷の態度である。

平安時代にいたり、御霊《ごりょう》信仰がさかんになると、井上内親王と他戸親王は、「祟る恐ろしい神々」の仲間入りを果たし、各地で祀られるようになる。

奈良県奈良市の御霊神社は、まさに井上内親王と他戸親王の御霊を祀る神社である。

桓武天皇の平安京遷都も、その原因のひとつに、ヤマトの祟りがあったのではないかと思えてくる。

「藤原」は、ヤマトの地で多くの豪族たちの血を吸って権力を手に入れることができた。この尻馬《しりうま》に乗ったのが桓武天皇であった。桓武天皇は、この呪われた都から一刻も早く逃れたかったのではあるまいか。

崇道天皇
すどうてんのう

ライバル同士の争いが生んだ悲劇

光仁《こうにん》天皇の子・桓武《かんむ》天皇は、天応元年（七八一）、平城京で即位する。「ウグイス鳴くよ（七九四）平安京」と覚えた平安京遷都は、この帝《みかど》の業績である。もっとも、最初桓武天皇は、平安京ではなく、長岡京（京都府向日《むこう》市、長岡京市、京都市にまたがる）に都を造ろうとした。即位後三年目のことだから、よほど平城京の住み心地が悪かったのだろう。

桓武天皇の即位の翌年、すでに平城京で、ひとつの事件が起きていた。天武天皇の孫の塩焼王《しおやきおう》の子に氷上川継《ひかみのかわつぐ》がいた。母は聖武《しょうむ》天皇の娘で、天武《てんむ》系の王族ということになる。天智《てんじ》系が皇統を嗣《つ》いだが、細々と、天武系も命脈を保っていたことになる。ところがこの人物も、魔の手に襲われる。

氷上川継の資人《しじん》（朝廷から支給された従者）大和乙人《やまとのおとひと》が、武器を携帯し、宮中に乱入したのだ。捕縛《ほばく》して尋問すると、氷上川継が謀反を企んでいるというではないか。氷上川継は捕らえられ、一味とともにお縄にかかったのである。

それにしても、資人が単独で宮中に乱入するというのは、じつに芝居《しばい》がかっている。この事件も、「藤原」の計略であろう。こうして、天武系の皇族は、根絶やしにされていったのである。

こうして、平城京は、旧政権（天武系の王家）の怨念《おんねん》のこもった都と化したのである。桓武天皇が新都建設を急いだ理由も、このあたりに原因がありそうだ。

延暦《えんりやく》三年（七八四）六月に造営工事を始め、十一月になると、そそくさと長岡京に遷《うつ》っている。ところがここで、アクシデントが起きる。延暦四年（七八五）九月、桓武天皇が長岡京を留守にしたちょうどそのとき、長岡京造営責任者だった藤原　種継《ふじわらのたねつぐ》が、殺されたのである。

下手人《げしゅにん》は意外な人物だった。桓武天皇の弟で皇太子の早良親王《さわらしんのう》であった。早良親王に仕えていた大伴家持《おおとものやかもち》らが種継暗殺を計画し、早良親王に相談の上決行したという。藤原種継は、母方が遷都予定地を地盤にする大豪族・秦氏《はた》であった。だから種継が造都の責任者に選ばれたと考えられる。

ではなぜ、種継が狙われたのだろう。大伴家持と藤原種継は、ライバルだった。先に中納言《ちゅうなごん》に昇進したのは家持だったが、そののち種継が追いつくと、家持は東北に飛ばされてしまった。そして種継は桓武天皇の寵愛を独り占めしたのである。

このいきさつを素直に受けとめれば、大伴家持と藤原種継の政争が、早良親王に飛び火したということになる。早良親王は捕らえられ、淡路島に流刑《るけい》となった。ところがここから先、事件は思わぬ方向に進む。移送途中の淀川の高瀬橋のたもとで、早良親王は亡くなられる。食事をとらず、抗議の死を選んだのである。

日本の古代は「祟る神」であふれていた⁉

どうやら事件は、仕組まれていたようである。秦氏の息のかかった藤原種継の活躍を面白く思っていなかった「他の藤原」が、種継と、早良親王を一挙に葬り去る陰謀を練り上げたようだ。ここにいう「他の藤原」とは、桓武天皇のもうひとりの皇子・安殿《あて》親王を推《お》すグループである。

さて、**桓武天皇にとっての悪夢は、早良親王が祟って出たことである。**

延暦七年（七八八）、桓武天皇の后・旅子《たびこ》が死に、同年九月には安殿の母で桓武天皇の皇后乙牟漏《おとむろ》が亡くなった。桓武天皇にもやましい心があったのだろうか。あわてて朝廷は、早良親王の御陵《ごりょう》のある淡路の国府に命じて、御陵に塚守《つかもり》を置かせ、周辺の殺生《せっしょう》を禁じた。さらに同九年、ちまたで天然痘《てんねんとう》が大流行し、人々を震え上がらせた。のちに占ってみると、早良親王の祟りとわかった。

桓武天皇は皇太子を伊勢神宮に参拝させ、さらに諸陵頭《しょりょうのかみ》を淡路島に差し向け、早良親王を丁重に祀ったのである。また、早良親王は、崇道《すどう》天皇と追号《ついごう》されている。

このように、古代史は「祟る神」であふれていたのである。

通説が古代史に現われる「祟り」にあまり興味を示さないことは問題である。早良親王の例は、明らかに正史に「祟って出た」と書かれているが、それ以前の祟りについて、「そんな概念は当時の日本にはなかった」というが、神道の根本の神は、祟る鬼なのだから、祟りを無視することはできないのである。

菅原道真

すがわらのみちざね

北野天満宮に祀られる「学問の神様」の正体

菅原道真《すがわらのみちざね》の祀られる北野《きたの》天満宮《てんまんぐう》（京都市上京《かみぎょう》区）といえば、受験生たちが合格祈願をする神社として知られている。修学旅行の定番で、観光バスが駐車場にずらりと並んでいたほど人気が高い。

北野天満宮が受験に御利益があると考えられるようになったのは、菅原道真が、学問の家に生まれ、特に秀《ひい》でていたことが、その理由だろう。だが**北野天満宮の正体を、受験生たちも、知っておいたほうがいい。ここは、もともとは恐ろしい菅原道真の怨霊を祀る神社だったのである。**なぜ菅原道真は、祟ると考えられたのだろう。

菅原道真は、平安中期の学者で、政治家である。文章博士《もんじょうはかせ》、讃岐守《さぬきのかみ》などを経て、「藤原嫌い」の宇多《うだ》天皇に見出され、藤原氏が朝堂《ちょうどう》を牛耳るなか、参議から中納言《ちゅうなごん》、大納言《だいなごん》、そして右大臣《うだいじん》に大抜擢される。時の左大臣《さだいじん》は藤原時平《ふじわらのときひら》で、藤原一族は菅原道真の栄達に不快感を示していく。

宇多天皇が上皇になり、年少の醍醐《だいご》天皇が即位した後も、宇多上皇は菅原道真を重用《ちょよう》した。このため、「藤原」は動いたのである。

延喜《えんぎ》元年（九〇一）正月、藤原時平は醍醐天皇に、菅原道真が謀反を企んでいると密告。醍醐天皇に道真左遷を認めさせた。

こうして菅原道真は、大宰権帥《だざいごんのそち》（大宰府の次官）に任命された。権帥とはいえ、名ばかりの役職で、実態は幽閉である。晩年の生活は悲惨なもので、雨漏りのする部屋で石を焼いて暖をとり、脚気《かっけ》と皮膚《ひふ》病に苦しみ、二年後、菅原道真は大宰府で亡くなる。子供たちもみな、土佐や駿河《するが》、飛彈、播磨に飛ばされてしまったのである。

ところで、藤原時平といえば「延喜の改革」で名高い。けれども、この事業、菅原道真が計画していたものであった可能性が高まっている。改革事業は、時平以前にすでに手がつけられていた証拠が見つかっていて、菅原道真が計画を練り、実行に移そうとしたその矢先、道真は左遷させられたということになる。

菅原道真は、律令の矛盾をただし、律令の理念に立ち戻り、土地改革を行なおうとしていたのである。そして、藤原時平が手柄をすべて横取りし、正史が道真の功績を抹殺したというのである（平田《ひらた》耿二《こうじ》『消された政治家・菅原道真』文藝春秋）。

もし私見どおり、蘇我入鹿が改革派で、中大兄皇子や中臣（藤原）鎌足が反動勢力だとすれば、入鹿と道真は、よく似た境遇にあったことになる。そして、彼らが「改革者」であり、「藤原」は手柄を横取りしたからこそ、祟りにおびえたという図式が浮かびあがってくるのである。

ピンポイントで復讐されていった陰謀者たち

菅原道真の祟りは、都人《みやこびと》を恐怖のどん底に突き落としたようである。

祟りといっても、現代人にはぴんと来ないが、菅原道真の祟りを見ていると、偶然とは思えなくなってくる。何しろ、**道真が恨みを抱いた相手がみな、ピンポイントで悲惨な目にあっている。**まるで狙い澄《す》ましたかのように、恐怖の復讐が成し遂げられ

「学問の神様」の祟り!?

たのである。

菅原道真の死から五年後の延喜八年（九〇八）、菅原道真の左遷の陰謀の片棒《かたぼう》を担いだ藤原菅根《ふじわらのすがね》が亡くなり、翌年、藤原時平は三十九歳の若さで亡くなる。

これだけでも、都人を震え上がらせただろうに、さらに異変が続く。

延喜二十三年（九二三）、醍醐天皇の皇太子・保明親王《やすあきらしんのう》が二十一歳で急死し、いよいよ、大騒ぎになった。『日本紀略《にほんきりやく》』は、このときの様子を、「世をあげて云《い》ふ。菅帥《かんそち》の霊魂宿忿《れいこんしゅくふん》のなす所なり」と伝えている。世の中の人々が、みな菅原道真の霊魂、怨念の仕業に違いないと噂し合ったのである。

朝廷は動いた。菅原道真を右大臣に戻し、

正二位《しょうにい》が追贈《ついぞう》された。また、左遷の詔勅《しょうちょく》を棄てさせたが、まったく効果はなかった。

二年後、保明親王と時平の娘の間の子慶頼《よしより》が亡くなった。また、それから五年後には、干魃《かんばつ》に見舞われ、雨乞《あまご》いをすべきかどうか相談している最中、にわかに黒雲が湧きあがり宮中の清涼殿《せいりょうでん》に落雷があり、菅原道真追い落としに荷担した藤原清貫《ふじわらのきよつら》が焼け死んだ。

これだけではない。その直後、醍醐天皇も急死。正暦《しょうりゃく》四年（九九三）には、菅原道真に、正一位、左大臣の位階を授け、さらに同年、太政大臣《だいじょうだいじん》が追贈され、さらに神となった菅原道真は、北野天満宮で祀られるのである。

平安時代は、国風文化が華開き、優雅な時代というイメージがあるが、実際には、権力闘争と祟りの時代といっても過言ではなかった。御霊信仰の高まりも、このような時代背景と無縁ではない。また、魑魅魍魎《ちみもうりょう》が跋扈《ばっこ》し、祟りを調伏《ちょうぶく》するために、怪しげな修験者《しゅげんじゃ》や陰陽師《おんみょうじ》が利用されていくのである。

平安時代の英雄・安倍晴明《あべのせいめい》も、このような「祟る平安時代」が生み出した、時代の寵児《ちょうじ》だったのである。

出雲国造家
いずもこくそうけ

「出雲大社の起源」を物語る説話

菅原道真の祟りが恐れられたひとつの理由は、「菅原」の根っこに、出雲国造家《こくそうけ》の血が流れていたからかもしれない。

菅原道真の御先祖様はアメノホヒノミコト（天穂日命）だ。話せば長くなるが、アメノホヒの十四世の孫の野見宿禰《のみのすくね》が出雲からヤマトにやってきて、殉葬《じゅんそう》の風習をやめ、古墳の周囲に埴輪《はにわ》を置くことを提案した。野見宿禰の末裔が土師《はじ》氏で、平安時代初頭、土師氏は桓武天皇から「菅原」の姓を下賜された。

アメノホヒといえば、出雲国造家の祖神であり、藤原氏は菅原氏に、「祟る出雲」

を重ねていたのではあるまいか。

それほど、「祟る出雲」は恐れられていたからである。

ただし、厳密にいえば、「出雲神」と「出雲国造家」は同一ではない。出雲神を祀り、出雲神の祟りを鎮めるのが出雲国造家であり、その一方で出雲国造家は、出雲神の「霊《ひ》」を継承し、出雲神そのものとして振る舞うのである。

出雲国造が出雲神の言葉を代弁している様子は、『出雲国《いずものくにの》造《みやつこの》神賀詞《かむよごと》』からも読み取れる。『出雲国造神賀詞』は、出雲国造が新任したとき、一年の潔斎《けっさい》ののち、朝廷に赴き、出雲の神の祝いの言葉を述べるものである。

その中で、「すなはち大なもちの命の申したまはく」と、オオナムチノカミ（大己貴神）＝オオクニヌシノカミ（大国主神）が、次のように述べるくだりがある。

オオクニヌシ自身の和魂《にぎみたま》（穏やかな魂）を八咫鏡《やたのかがみ》に取りつけて、「倭《やまと》の大物主《おおものぬし》くしみかたまの命」と名を称え、三輪《みわ》の神奈備《かんなび》（神の鎮座する山や森）にいさせて、オオクニヌシの御子のあじすき高ひこねの命《みこと》（アジスキタカヒコネノミコト〈味耜高彦根命〉）の御魂《みたま》を、葛木《かつらぎ》（葛城）の鴨《かも》の神奈備にいさせ、「事代主《ことしろぬし》の命」の御魂をうなて（奈良県高市郡雲梯《うなて》神社）にいさせ、「かやなるみの命（カヤナルミノミコト〈賀夜奈

出雲大社が「超巨大」でなければならなかったのは……

流美命〉〉」の御魂を飛鳥の神奈備にいさせて、皇孫《すめみま》の命の近き守り神としてたてまつり置き、私は「八百丹杵築《やおにきづき》（出雲大社）」に静まっております……。つまり、オオクニヌシは、和魂や御子たちを、天皇家の守り神として差し出し、自らは、出雲の地で静かにしている、という。祟る恐ろしい出雲神たちが、黙っている、ということを報告するわけである。

この出雲国造の執り行なってきた儀礼の起源は、定かではない。けれども、『古事記』の神話に、次のような話が残されている。

出雲《いずも》の国譲《くにゆず》りの最終局面でのことである。

オオクニヌシはタケミカヅチノカミ（武甕

雷神）らに対し、次のように述べている。

「この葦原中国《あしはらのなかつくに》は献上いたしましょう。けれども、私の住む場所だけは、天つ御子《みこ》ら（タカミムスヒノミコト〈高皇産霊尊〉とアマテラスオオミカミ〈天照大神〉の末裔。具体的には天皇）が住まわれる宮のように、底津石根《そこついわね》（巨大な岩）の上に宮柱《みやばしら》を太く建て、高天原《たかまのはら》に千木《ちぎ》を高くそびえさせ、お祀りいただければ、この僻遠《へきえん》の地、出雲に隠れておりましょう」

これが出雲大社の起源を物語る説話とされているのだが（現実に出雲大社が創建されたのは、かなり時代が下る）、オオクニヌシの発言を裏返せば、「天皇家と同等に扱ってくれないと、祟って出てやる」ということである。

日本史を考える上で無視できない「出雲神の祟り」

もうひとつ、出雲大社にまつわる話がある。第十一代垂仁《すいにん》天皇の皇子に、誉津別王《ほむつわけのみこ》（本牟智和気《ほむちわけ》）がいた。成長しても言葉を発せず、天皇は困っていたが、ある日空を飛ぶ白鳥の鳴き声を聞いて、片言をしゃべったのだった。天皇は喜び、白鳥を追わせ、越《こし》（北陸）で捕らえた。

ところが、御子は言葉を発しなかった。すると天皇の夢に神が現われ、「私の宮を天皇と同じように建てて祀れば、御子は話すようになるだろう」という。そしてこの祟りは、出雲大神《いずものおおかみ》の意志であることがわかったという。

これも、出雲大社の起源を物語っているが、**二つの説話に共通するのは、強烈なまでの出雲神の祟りである。**

出雲から多くの遺跡が発見され、山陰地方に対する見方が変わってきたことは事実だが、その一方で、出雲神話や出雲神の祟りについて、いまだに「歴史とは別」とする考えが圧倒的である。

だが、くり返すが、祟りは祟られる側にやましい心がないと成立しない。したがって、出雲神の祟りを無視することはできない。出雲大社が日本一の建造物であったと語り継がれ、出雲大社《いずものおおやしろ》境内遺跡からは、想像を絶する巨大な木柱が出現している。巨大な出雲大社は、祟りに対する恐怖心に比例している。

すると、出雲国造家が続けてきた儀礼からも、何かしらの意味を見出せるはずなのである。

天皇
てんのう

日本人にとって畏敬すべき恐ろしい「荒人神」

タケミナカタノカミ（建御名方神）の末裔は現人神《あらひとがみ》だが、日本を代表する現人神といえば、天皇である。そして、もうひとり、有名な現人神は、出雲国造家《こくそうけ》ということになる。

現人神たちに共通するのは、神話に登場する神々の「霊《ひ》」を継承しているということで、出雲国造家はオオクニヌシノカミ（大国主神）と同化したアメノホヒノミコト（天穂日命）の、天皇はアマテラスオオミカミ（天照大神）の「霊」を継承しているのである。

そして、**彼らが伝えているのは、「霊」だけではない。ヤマト建国をめぐる、重く、暗い、権力闘争の影である。**ここにいう「影」とは、敗れた者どもの怨恨《えんこん》であり、復活への執念をいっている。

現人神は後の世に「荒人神《あらひとがみ》」とも書かれるようになるが、「神」の本質は、「祟る鬼」なのだから、この世に人の姿となって現われた神は、恐ろしい、恨みを持った人物であり、「現人神」と「荒人神」の本質は同じである。

ただし、天皇家の場合、アマテラスは歴史（神話というべきか）の勝者なのだから、他の現人神の範疇《はんちゅう》には入らないと思われよう。

だが、本来男神《おがみ》であったアマテラスを女神にすり替えたのは八世紀の『日本書紀』であり、アマテラスのもともとの姿は、葦原中国《あしはらのなかつくに》を成敗したアマテラスとは、まったく異なる神であったに違いない。そしてもちろん、その正体は、「一度零落した神」ではなかったか。このことは、ヤマト建国後の天皇家の立場をみれば、明らかである。

ヤマトの初代王・神武《じんむ》は、ヤマトを武力で征服したという印象が強い。戦前の教科書には、「強い神武天皇」が、勇壮な挿絵とともに強調されている。だが、神武は呪う王である。なぜ神武に「呪う力」があったのかといえば、鬼退治の童子が鬼であるように、神武が「鬼のように恐れられていたから」であり、だからこそこの人物に、「神（鬼）」の諡号《しごう》が与えられたということになる。

平安時代、権力者が恐れた「御霊」を調伏したのは、政権とは対極の場にいたアウトサイダーたちだった。彼らは八世紀から平安時代にかけて、「藤原」の手でなぎ倒された古き時代の「神に近い名族」たちである。

その彼らが、零落し、「鬼」呼ばわりされ、蔑視《べっし》され、また、恐れられた。だがしたたかな彼らは、「鬼」であることを逆手にとって、呪いを調伏する者として、政権に近づいたのである。

天皇家の恐ろしさはどこにあるのか？

このように、「呪う者」「御霊を調伏する者」は、由緒《ゆいしょ》正しい鬼なのであり、神武天皇の境遇が、まさにこれであろう。

ヤマト建国後しばらく、ヤマトの王に強大な権力は与えられなかった。

「前方後円墳という巨大な墳墓は権力の象徴ではないのか」と首をひねられるかもしれない。だが、前方後円墳は、権力ではなく、権威の象徴であって、大王は首長たちの連合体の「軸」にすぎない。

このことは、天皇（大王）の住居が、防衛本能の欠如したかのような一代限りの宮であったことからもはっきりとしている。天皇家が征服王なら、高い城壁に囲まれた安全な場所で暮らしていただろう。

ヤマトの王家には、原則的に、権力は与えられなかった。けれども、弱い王であるにもかかわらず、恐れられた。その理由は、現代人の感覚では、理解しにくい。

天皇家の恐ろしさは、鎌倉時代、現実のものとなった。

鎌倉幕府の三代将軍・源《みなもとのさねとも》実朝の死後、後鳥羽上皇《ごとばじょうこう》が北条義時追討《ほうじょうよしときついとう》に乗り出す。これに対し、鎌倉幕府は十数万の大軍をもって、朝廷軍を圧倒した。いわゆる承久《じょうきゅう》の乱（一二二一）である。

このとき、もし「錦の御旗《にしきのみはた》」がたなびけば、幕府軍はすぐさま撤退する手はずになっていたという。それほど、天皇の権威は恐ろしかったのである。けれども本当の恐怖は、この後に訪れる。

後鳥羽上皇は隠岐《おき》の地に流され、延応《えんおう》元年（一二三九）、恨みを抱いて亡くなる。

そしてここから、鎌倉幕府で異変が続く。

三浦義村《みうらよしむら》や北条 時房《ほうじょうときふさ》ら、幕府の要人が次々と急死。最高権力者の北条義時も、発狂して頓死《とんし》。「天魔蜂起《てんまほうき》」と大騒ぎになったのである。

これが必然だったのか、偶然だったのか、誰にもわからない。

ただ、理屈ではわからないが、**天皇に手を掛ければ恐ろしい目にあうという思いを日本人が抱き続けたのは事実であり、今日の日本人も、同様である。**それが幻想や迷信であろうとも、畏敬《いけい》すべき恐ろしい王が存在することは、悪いことではない。

本書は、小社より刊行した『この一冊で「日本の神々」がわかる!』を、再編集の上、改題したものです。

知《し》れば知《し》るほどおもしろい
「日本《にほん》の神《かみ》さま」の秘密《ひみつ》

著者　関　裕二（せき・ゆうじ）
発行者　押鐘太陽
発行所　株式会社三笠書房
〒102-0072 東京都千代田区飯田橋3-3-1
電話　03-5226-5734（営業部）03-5226-5731（編集部）
https://www.mikasashobo.co.jp
印刷　誠宏印刷
製本　ナショナル製本

 ISBN978-4-8379-6994-5 C0130

王様文庫

王様文庫

眠れないほど面白い『古事記』

由良弥生

意外な展開の連続で目が離せない！「大人の神話集」！●【天上界vs.地上界】出雲の神々が立てた〝お色気大作戦〟●【恐妻家】嫉妬深い妻から逃れようと〝家出した〟神様●【日本版シンデレラ】牛飼いに身をやつした皇子たちの成功物語……読み始めたらもう、やめられない！

眠れないほどおもしろい「密教」の謎

並木伸一郎

弘法大師・空海の息吹が伝わる東寺・国宝「両界曼荼羅図」のカラー口絵つき！真言、印、護摩修法、即身成仏……なぜ「神通力」が身についてしまうのか？密教の「不可思議な世界」を堪能する本！「呪術・愛欲の力」さえ飲み込む驚異の神秘体系をわかりやすく解説！

眠れないほどおもしろい吾妻鏡

板野博行

北条氏が脚色した鎌倉幕府の公式レポート！◇源頼朝は「後顧の憂い」を絶ったはずだったのに…◇最強上皇・後鳥羽院が「承久の乱」に負けた理由◇尼将軍・北条政子は「女スパイ」⁉◇鎌倉殿の十三人——最後に笑ったのは？超ド級の権力闘争を描いた歴史スペクタクル！

K30576